OUVRAGE COURONNÉ PAR L'ACADÉMIE FRANÇAISE

ÉDOUARD CEALIS

PRÉFACE
DE
G. LARROUMET
DE L'INSTITUT

DE
Sousse
A Gafsa

PARIS

ERNEST FLAMMARION, ÉDITEUR, 26, RUE RACINE, PRÈS L'ODÉON

T.h.4
2181

DE SOUSSE A GAFSA

LETTRES SUR LA CAMPAGNE DE TUNISIE

1881-1884

PARIS. — IMP. E. FLAMMARION, RUE RACINE, 26.

ÉDOUARD CÉALIS

DE L'ODÉON

Ancien Officier au 51ᵉ d'infanterie.

DE SOUSSE A GAFSA

LETTRES

SUR LA CAMPAGNE DE TUNISIE

1881-1884

Préface de G. Larroumet

(de l'Institut).

PARIS

ERNEST FLAMMARION, ÉDITEUR

26, RUE RACINE, PRÈS L'ODÉON

Tous droits réservés.

Aux Généraux

VERRIER et PÉDOYA

Hommage de leur soldat.

PRÉFACE

PREFACE

PRÉFACE

J'ai eu le plaisir de connaître, au théâtre de l'Odéon, pendant que j'y faisais des conférences sur le répertoire classique, un artiste dont l'intelligence souple et l'ambition patiente m'avaient frappé. Il y tenait cet emploi difficile et flottant, que M. Frédéric Febvre a marqué d'une empreinte si personnelle à la Comédie-Française et qui va des vieux généraux aux amoureux, des politiques d'autrefois aux viveurs d'aujourd'hui.

Il était aisé de voir que, derrière l'artiste, il y avait un homme bien né et bien élevé. Je ne m'étonnai plus de ses manières et de son instruction, lorsque j'appris que le marquis des *Revenants* et le Vasconcellos de *Pinto* était un ancien officier, élevé à Stanislas, et que la force de la vocation l'avait poussé de l'armée au théâtre.

C'est le même, M. Edouard Céalis, qui, faisant aujourd'hui œuvre d'écrivain, m'a demandé de présenter au public le livre que voici, *De Sousse à Gafsa*. Je me suis rendu bien volontiers à un désir qui me permet de lui témoigner publiquement une cordiale estime pour son talent et pour sa personne.

Au premier coup d'œil jeté sur ces

pages, on sent que l'officier aimait son métier et qu'il n'a pas quitté l'épée sans regret. Je sais par expérience quel puissant souvenir laisse au cœur la profession prenante entre toutes. M. Céalis a eu la bonne fortune de faire campagne et de voir le feu, de connaître la fatigue et le danger. Il a pris part à cette expédition de Tunisie, qui n'eut pas l'âpreté des guerres d'Afrique, mais enfin, quoique ce ne fut pas la Kabylie, là comme ailleurs, la terre était dure, le soleil chaud, les balles faisaient leur trou et, comme disent les soldats, il n'y avait pas de bouchon à la pointe des baïonnettes.

Plus tard, entre la répétition et le spectacle, le jeune comédien a feuilleté les lettres jaunies où il contait ses impres-

a.

sions à sa famille. Un rayon du soleil africain et un brin de laurier les illuminaient et les paraient encore. Il y a revu les villes silencieuses et odorantes, les burnous blancs galopant vers les lignes de tirailleurs et fauchés par les feux de salves; il a revécu les mornes ennuis des casernes et des bivouacs, tandis que le chant du muezzin plane sur la casbah et que le chacal glapit autour des tentes. Et il s'est dit que la publication de ces lettres, écrites sur une cantine, notes sincères et directement prises, pourrait avoir son intérêt.

Il a eu raison et tout lecteur de ce livre ira jusqu'au bout avec intérêt. Le lieutenant Céalis n'est pas un Pierre Loti ni un Art-Roë. Il n'y a, dans son livre, trace d'ambition littéraire. Il dit ce qu'il a vu, avec une sobriété précise. Il ne prodigue pas la couleur et, de l'Orient, il n'a pas rapporté de teintes éclatantes. Çà et là, quelques touches pittoresques, dans la juste mesure où le récit l'exige, mais peu de philosophie et de rêve, malgré l'aptitude d'un esprit cultivé aux idées générales et la tendresse d'une âme qui songe à la famille et à la patrie. Ce qu'il a voulu surtout, c'est offrir au lecteur ses impressions, telles qu'il les avait éprouvées, sans autre souci que de dire la vérité sur lui-même et son métier.

Cette vérité est bonne à connaître. Dans le pays essentiellement militaire qu'est la France, où la foule frissonne toujours à la vue du drapeau et vibre au son du tambour, l'amour du bien-être et l'orgueil intellectuel ont altéré l'esprit militaire chez beaucoup de jeunes bourgeois. Dans l'armée, composée d'hommes d'éducation inégale, ils n'ont vu que les défauts humains, la grossièreté de manières ou de langage, les idées courtes, l'égoïsme. La noblesse de la souffrance endurée et de la mort bravée, le sacrifice au devoir et à l'honneur, le retour du soldat à la fraternité originelle, l'acceptation de la loi fatale et génératrice de vertus qu'est la guerre, ne leur ont rien dit. Cette rudesse répugnait à leur fine et précieuse nature ; elle risquait de diminuer la valeur de leurs âmes. D'autres, plus endurants et plus simples, ont été plus intelligents. Ils ont vu le métier militaire tel qu'il est, méritoire parce qu'il est pénible et, à certaines heures, élevant les hommes, tous les hommes, à la plus grande hauteur morale que puisse atteindre notre espèce.

Il est bon que ceux-là aussi disent leur sentiment. C'est ce que M. Céalis a fait pour son compte. Il a pleinement atteint son but. On connaît et on aime mieux, en le lisant, l'endurance et la souplesse du soldat français; on sent le charme mystérieux et profond de la guerre.

Par cela seul qu'il voit avec justesse et s'exprime avec sincérité, M. Céalis a des bonnes fortunes d'écrivain. Les pages émouvantes ou gracieuses ne sont pas rares dans ce livre toujours attachant. il nous offre, cela va de soi, des marches et des campements, des combats et des prises de ville, d'une touche vive et ferme, mais aussi des effets de jour et de nuit, de lumière et d'ombre, des levers de soleil et des tombées de nuit, des scènes de bain maure et de fontaine, où les peintres trouveraient de jolis sujets de tableau.

Ce qui vous surprendra quelque peu au premier abord, ce qui vous semblera tout naturel à la réflexion, c'est d'y trouver par surcroît le récit d'une saison théâtrale, « le théâtre de Fériana. » Songez que la première pensée des Français, lorsqu'ils s'ennuient sur mer, dans un siège, en captivité, c'est de dresser un théâtre. On jouait la comédie devant Sébastopol et sur l'îlot de Cabrera. Les talents ne manquent jamais en pareil cas : dans tout Français un comédien sommeille et ne demande qu'à s'éveiller.

C'est au théâtre de Fériana, où l'adjudant Céalis tenait l'emploi des jeunes premiers, qu'il s'est senti mordu par le démon de la scène. Cette vocation était solide, car elle a duré après l'entrée à Saint-Maixent et l'épaulette. Les habitués de l'Odéon ne s'en plaignent pas. Ils seront sans doute les premiers lecteurs de M. Céalis. Dans l'artiste qu'ils ont applaudi, ils auront plaisir à trouver un homme de cœur.

Gustave LARROUMET
De l'Institut.

CHAPITRE PREMIER

SOUSSE

Fort de Bicêtre, 31 août 1881.

Mon cher père,

Nous partons demain pour Toulon à la gare de Bercy, par train spécial, et de là pour la Tunisie.

Mon bataillon, un bataillon du 66e et un du 116e de ligne forment un régiment de marche sous les ordres du lieutenant-colonel Moulin. Voici les noms de mes officiers : Commandant Pedoya, M. Morati, capitaine, lieutenant Tuot, sous-lieutenant de Fraville.

Il me sera impossible de m'absenter, en raison du passage de ma compagnie du pied de paix au pied de guerre, et des innombrables formalités qui m'incombent comme sergent-major. D'autant plus que je suis tout nouveau dans le grade, que mon fourrier, un jeune dieppois, nommé Mutrel, est très inexpérimenté, et que le capitaine aime bien l'ouvrage *toute faite*, comme dit son ordonnance.

Viens donc, cher père, m'embrasser au fort demain matin, de bonne heure. Je te recommande ma petite pharmacie. J'ai tout le reste de mon modeste équipement. A tout hasard j'emporte un drap de toile, au fond de ma boîte de comptabilité. David, mon soldat, s'occupe de mes affaires avec un soin précieux. En voilà un brave garçon qui me sera utile là-bas !

Fais mes adieux à tous, mais après mon départ seulement, afin que les émotions soient moins cruelles et n'aient à se donner cours qu'en présence du fait accompli.

Toulon, le 5 septembre.

Nous sommes arrivés hier, clairons sonnant, au lever du soleil, sous le ciel radieux de Provence ; heureux de nous dégourdir les jambes ankylosées par trente-quatre heures de chemin de fer, en 3ᵉ classe et au complet. Nous sommes casernés aux Minimes, dans la vieille ville, près des remparts. Caserne, ancien couvent, dont la cour intérieure est abritée par un seul et gigantesque platane. Nous avons passé la journée à mettre un peu d'ordre en toutes choses.

Le soir, le commandant Sibour est venu me chercher; j'ai finement dîné avec lui sur la place d'Armes. Il commande en ce moment la *Naïade*, vaisseau-école. Oh le bon et cher ami! il m'a traité en fils. Il m'a appris qu'on attendait de Marseille deux paquebots de la Compagnie transatlantique, le *Kléber* et l'*Ajaccio*, sur lesquels nous devons prendre passage. Ce matin j'ai visité, toujours avec lui, le *Shamrock*, transport qui fait le service d'extrême Orient et dont une partie est aménagée en hôpital moderne, avec des lits suspendus. Il paraît que c'est l'impératrice Eugénie qui a donné l'initiative de cette charitable innovation. Le commandant Baux, auquel M. Sibour m'a présenté, nous accueille avec une amabilité parfaite, et nous fait lui-même les honneurs de son bateau.

Je suis très frappé de la discipline du bord et des manifestations extérieures d'un respect mitigé d'affection très réelle de part et d'autre, résultat probable des dangers et de la vie en commun des chefs et des matelots.

Grosse différence avec l'armée de terre. Nous avons passé la soirée à errer dans les rues, dans les cafés, les bals, où tout bruyamment s'agite, danse, chante et aime. La nuit était très douce.

En rade de la Goulette, à bord du *Kléber*,
le 9 septembre.

A droite sur les hauteurs boisées, Carthage et les grandes maisons des Pères blancs de l'archevêque d'Alger, Mᵍʳ Lavigerie. Un peu plus loin au ras de l'eau, la Goulette, dont on devine plus qu'on ne voit les monuments officiels, palais du bey, harems, prison, forteresse; au fond du tableau devant nous, séparée de la mer par un lac intérieur dont les eaux tranquilles brillent sous les rayons du soleil, comme métal en fusion, Tunis apparaît ou plutôt ce qu'on nous dit être Tunis, car nous ne voyons qu'une succession de lignes très blanches au milieu de terres arides d'un jaune rouge ardent. A gauche et fermant la baie, les montagnes du Zaghouan, d'un bleu léger teinté de violet.

C'est très beau, mais très chaud. Les officiers descendent à terre et reviennent casqués de blanc comme les troupes anglaises de l'Inde.

La traversée a été superbe, temps calme, brise très légère. Nous n'avons qu'à nous louer du personnel du bord qui fait des efforts prodigieux pour ne pas mécontenter ses passagers de circonstance. Les officiers supérieurs mangent avec le commandant, les officiers subalternes, en 2ᵉ classe. Les sergents-majors et adjudants, mangent et logent dans la cabine des dames en

3ᵉ classe. C'est gentil. Et, ma foi, notre carré a fort bonne mine avec ses huit lits bien blancs et sa table à nappe propre, aux couverts brillants. Aucun de nous n'a été malade, et nous avons pu admirer à notre aise l'eau bleue d'une limpidité cristalline, les côtes pittoresques et désertes de Sardaigne ; et la nuit, le ciel très clair tout parsemé d'étoiles d'or.

Qu'allons-nous faire à Tunis ? Rester en rade, attendant les ordres du général commandant la division, M. Logerot.

Même jour, sept heures soir.

Les ordres sont arrivés, apportés par le général lui-même, qui est resté avec les officiers dans le salon des premières pendant une grande heure. Le général est petit, maigre, sec et tout blanc il porte la barbiche en pointe, et n'a pas l'air commode.

Un bateau part pour la France tout à l'heure, je me dépêche donc de vous mettre au courant.

Nous quittons la Goulette cette nuit et avec escorte d'une division de l'escadre de la Méditerranée, deux gros bateaux blancs mouillés non loin de nous, sous les ordres de l'amiral Conrad, nous allons nous emparer de Sousse. Ce sera, nous dit-on, plus rude qu'à Sfax. Quel bonheur, si nous pouvions montrer ce dont nous sommes capables. On va donc les voir les Arbis, et de près. A la grâce de Dieu!!

De la Casbah de Sousse, le 14 septembre.

Nous avons pris Sousse la blanche, et ça n'a pas été difficile. A peine avions-nous jeté l'ancre assez loin en rade, en compagnie de nos gros frères les cuirassés, devant la ville, ceinte de murailles hautement crénelées s'étageant en amphithéâtre comme un petit Alger, couronnée par un énorme château-fort, qu'un coup de canon partit des remparts et qu'un immense drapeau blanc se mit à flotter sur la tour de la Casbah. Une barque se détache du fort et vient vers nous. C'est un général tunisien, gros bonhomme sanglé dans une tunique noire, le fez sur la tête, très décoré. Il vient nous prier de vite débarquer, qu'on nous accueillera à bras ouverts. J'ai su depuis que c'était le général Bacouch, aide de camp du bey, gouverneur de Sousse et du Sahel. C'est un charmant homme, parlant bien français, grand ami de la France. Il a été reçu sous l'Empire à Compiègne, et parle de l'impératrice.

Des signaux furent alors échangés avec l'escadre, qui mit ses embarcations à la mer, et, séance tenante, après avoir repris armes et bagages, nous fûmes débarqués, non sans faire de nombreuses plaisanteries au passage sous la gueule de grosses batteries inoffensives garnissant le môle fortifié de la jetée.

A terre, on se forme par compagnie, la mienne en tête, et nous entrons par la porte de la marine, « Bab el Baâr », devant une triple haie d'Arabes de tous âges et de toutes conditions. Nous remarquons de jolies Européennes qui nous envoient des baisers enthousiastes, et des bonjours! aimables du balcon des quelques maisons bâties sur la place du bureau de la Poste française et des Consulats.

Nous sommes installés à la Casbah : les soldats et caporaux dans d'énormes salles, éclairées par d'immenses baies ouvertes sur la mer, où un bataillon de cinq cents hommes peut tenir à l'aise. Mon bureau est dans une casemate ouvrant sur une grande et belle cour intérieure, ornée de figuiers, de palmiers et de lauriers-roses. Le bureau se change deux fois par jour en salle à manger, pour mes sous-officiers et moi, et le soir en dortoir pour les mêmes. Les officiers logent en commun dans un bâtiment spécial à l'entrée de la Casbah.

Nous avons, de suite, pris un train-train de garnison. Mais nous espérons que ça ne durera pas. Il paraît que les habitants des villages voisins de Sousse sont travaillés par des dissidents, des tribus nomades, et qu'il faudra sous peu les châtier. De fait, nous ne pouvons sortir hors de la ville, où nous sommes presque prisonniers. La nuit dernière, une sentinelle, sur les remparts, a essuyé un coup de feu. Elle a riposté, les postes ont pris les armes. On n'a rien arrêté, ni trouvé.

La principale distraction, ici, est le bain de mer que nous prenons chaque jour, au coucher du soleil, sur une jolie plage de sable fin aux portes de Sousse, à l'ouest, en contre-bas d'un cimetière arabe.

Je n'ai qu'un gros ennui : ma comptabilité, qu'il faut tenir à jour coûte que coûte, et j'enrage ferme, plus souvent qu'à mon tour.

Sousse, le 18 septembre.

Enfin! la poudre a parlé, et si nous n'avons pas eu de corps-à-corps avec les Arabes, nous les avons vus fuir devant nous, nous les avons poursuivis, traqués, chassés, et avons en somme fait une sortie qui leur a laissé du plomb dans l'aile.

Le 15 au matin, le colonel Moulin réunit quatre compagnies du 48ᵉ, deux compagnies du 66ᵉ et deux compagnies du 116ᵉ; ainsi que quatre pièces de la batterie de « 80 » de montagne du 33ᵉ d'artillerie, et, nous faisant former le carré, il nous apprit que nous allions marcher sur Kalaa Srira, gros village arabe un peu au sud de Sousse, sur la route de Kairouan, afin de le razzier. Il termina en nous disant de sa voix chaude : « Nous travaillons pour la France ! *En avant!* »

Nous n'avions pas fait cinq cents pas que nos éclaireurs recevaient des coups de fusil. On se déploya en une longue chaîne de tirailleurs, afin de tenir le plus de terrain possible, seule tactique vis-à-vis d'un ennemi sans consistance et très disséminé, et nous avançâmes lentement, mais sans arrêts, comme des chasseurs. Les Arabes, au nombre de quatre ou cinq cents, fuyaient, éparpillés, s'arrêtaient, déchargeaient leurs fusils, puis repartaient en courant ; nos soldats amusés tiraient au visé, très calmes, malgré la chanson des balles.

Au bout de deux heures de cette chasse, l'ennemi avait disparu, et nous atteignons le village. Il est désert ; M. Walewski, le fils du comte Walewski, l'ancien ministre de Napoléon III, officier d'ordonnance du colonel, monte au minaret de la mosquée et attache aux colonnettes sa ceinture bleue. La ceinture rouge d'un troupier vient s'y joindre et les trois couleurs sont arborées grâce au blanc de la tour elle-même. Mon bataillon reçoit l'ordre d'envahir le village, d'y mettre le feu, après avoir pris tout ce qui est transportable. Les autres compagnies font la halte, et veillent sur un retour possible des Arabes. Nous nous jetons dans les maisons, mettons le feu où nous pouvons, mais, quand à prendre quelque chose, macach! il n'y a rien. Les troupiers prennent une quantité de poules. Chaque homme en porte au moins quatre suspendues à son ceinturon ou au sac. Moi je prends un bout de rouleau de parchemin que je t'envoie par la poste, couvert de caractères arabes, et les petites bouilloires de cuivre d'un café maure.

Nous voilà loin du palais d'été de la campagne de Chine. Le ralliement sonna. Il se faisait tard, et nous étant reformés, on battit en retraite, tandis que derrière nous, des incendies allumés, montaient vers le ciel rouge du couchant de hautes colonnes de fumée bleuâtre.

Les troupiers ont baptisé cette sortie : La journée des poules !

Le capitaine Duneau, qui formait l'arrière-garde, perdit sa compagnie et ne rentra que deux heures après nous, à la nuit noire. Le commandant était furieux. Les hommes de la compagnie Duneau aussi, et il était temps que cette malheureuse compagnie arrivât, car ils commençaient à murmurer de se trouver seuls dans cette immense plaine obscure, le ventre creux, la bouche sèche, et sans confiance dans leur chef.

Le capitaine Duneau aurait sa place marquée dans un bureau de recrutement, aussi l'a-t-on envoyé faire campagne ; ah ! Figaro, rien n'est changé depuis toi, et quoi qu'on en dise.

Nous sommes dégoûtés de poulets, nous ne mangeons que cela depuis trois jours. Il y en avait en telle quantité qu'il a fallu des corvées spéciales pour porter au loin les entrailles et les débris de poules qui menaçaient d'infester la Casbah.

J'avais une telle soif à la rentrée de cette

journée, que, comme un fou, je bus à la régalade un bidon de deux litres d'eau. Toute la nuit je fus ivre de cette eau, et fort malade. C'est une leçon.

Nous n'avons eu que quatre blessés et un homme frappé d'insolation.

Sousse, le 20 septembre.

Gare les fièvres! — Elles commencent à faire des leurs. Nous avons des entrées quotidiennes à l'hôpital qu'on a installé en ville dans une maison proche du couvent des franciscains italiens chargés du service religieux à Sousse. Nous avons perdu un homme. C'est un soldat de ma compagnie, un breton. Dès le départ, il ne pouvait se faire à cette idée d'aller si loin. Brave, il voulut dompter ce spleen naissant; il partit, mais il ne put supporter ce ciel implacablement bleu, ce soleil, cette chaleur torride, et il est mort tué par le mal du pays encore plus que par la fièvre, pleurant son ciel brumeux, la mer grise et frangée d'écume de ses côtes rocheuses; troublé jusque dans la mort par le moine italien, grand et solide gaillard, brun, aux yeux de braise, au parler sonore, qui l'administra, mais dans lequel il ne reconnaissait même plus la religion du doux et bon recteur de son village.

Pauvre Le Goaster, nous l'avons enterré, le premier de notre petite colonne, dans le cimetière catholique, aux tombes italiennes de marbre blanc, situé à l'est de Sousse, aux bords de la mer. Tous, nous l'avons accompagné, chefs et camarades, à ce coin de terre d'Afrique devenue française, où il dort maintenant, première victime.

Sousse, le 23 septembre.

Encore une sortie. Nous venons de rentrer, très fatigués. Mais, avant de me reposer, je vais vous la narrer *currente calamo*, le courrier pour la France partant ce soir.

Hier, 22 septembre, à quatre heures et demie du matin, les bataillons du 48ᵉ et du 116ᵉ — le 66ᵉ restant pour garder la ville — la batterie de montagne et un petit convoi composé de l'ambulance, de vingt arabas chargées d'eau, de trente mulets à bagages et à vivres prenaient la direction de Monastir, à l'est de Sousse, en suivant une belle et large route finement sablée qui borde la mer.

Aux débuts tout va bien. Il fait encore frais, et la colonne, protégée par des éclaireurs, s'avance. On pense, on réfléchit, on cause mentalement avec tous ceux qu'on aime, et qui sont si loin, sur la terre de France. Mais le soleil, en montant à l'horizon, vient me tirer de ma rêverie, et me force à mettre mon couvre-nuque.

Maintenant il fait chaud. Nous traversons une lande; la vue s'étend au loin. En avant tourbillonnent, pleins de fantaisie et tachant de points blancs le vert du paysage, les goumiers indigènes servant de guides à la colonne.

Vers huit heures nous arrivons à un marabout entouré de puits; on fait halte et les bataillons se forment en colonne double. La compagnie d'avant-garde se porte en avant et va veiller au grain. Les faisceaux sont formés et chacun s'installe qui à l'ombre du marabout, qui sur une tombe, qui sur l'alfa. Mes sous-officiers et moi nous nous glissons dans un bosquet de figuiers, et, nous mettant à l'aise, nous attaquons vigoureusement une boîte de sardines, arrosée de vin de Sicile apporté dans nos gourdes. Nous n'avions pas mangé deux bouchées, que des coups de fusils se font entendre au loin. Nous nous rhabillons et prêts à partir, mettons les bouchées doubles, on ne sait ce qui peut arriver.

Les coups de feu se rapprochent... « Aux faisceaux ! » Le crépitement est maintenant ininterrompu, et la fumée bleue se voit distinctement à 1 kilomètre.

Un homme de la compagnie d'avant-garde qui est seule en ligne vient trouver le commandant et lui dit qu'un gros de cinq cents Arabes au moins est devant eux, tandis qu'un détachement aussi important cherche à déborder par notre droite.

Notre tour est arrivé : « Capitaine Morati ! »

crie le commandant, notre chef reçoit ses instructions, et en route, bonne troupe! A travers un champ d'une herbe haute et drue, nous avançons sur la droite pour arrêter le mouvement tournant de l'ennemi. Deux escouades sont déployées, puis renforcées par deux autres; ce sont les miennes. Arrivés à quelques mètres d'un bois d'oliviers qui cache un village dont les terrasses émergent, îlots blancs sur le vert du feuillage, nous sommes reçus par un feu de salve à bout portant. Les balles passent en sifflant au-dessus de nos têtes; nous saluons d'instinct. Un mouvement d'hésitation et de surprise fait osciller la chaîne des tirailleurs; je tire mon sabre et m'élance en criant : en avant! Tout le monde suit, et nous poursuivons gaiment les Arabes qui détalent, tandis que dans le village encore loin, hurlent, effarés, femmes et enfants.

Nous nous arrêtons une minute pour faire feu à bonne portée — les Arabes tombent en grand nombre. La course reprend, et, déjà sauvages, des hommes passant près des victimes à terre les frappent à coups de baïonnettes — c'est leur baptême à nos fourchettes — disent-ils en riant. Nous allons pénétrer dans le village : gare aux femmes et aux enfants. Mais le commandant nous suit, il fait sonner halte-là! nous nous arrêtons. Il était temps.

Uu grand vieil Arabe, demi-nu, promène une loque blanche au bout d'une gaule en criant : Aman! Aman! Les femmes et les enfants, à genoux, pleurent, tendent les bras, sanglotant des you! you! frénétiques.

Ce n'est pas fini. Pendant cette courte halte, nous nous reformons; nous renvoyons trois blessés à l'ambulance; parmi eux le sergent Mouchel, qui a l'oreille trouée par une balle. L'artillerie nous rejoint, les canons sont sur leurs affûts, jolis joujoux de bronze que nous allons protéger, et qui vont à leur tour prendre la parole.

Nous tournons le village et reprenons la poursuite des Arabes. Arrivés en haut d'une côte assez roide, l'artillerie se met en batterie, et nous voyons à 1.500 mètres de nous des cavaliers nombreux qui fuient à toutes brides vers le sud.

Pan! pan! un petit nuage blanc — et là-bas, dans le groupe des fuyards, un effondrement, suivi d'une gerbe de poussière. Bien touché... le feu continue...

Pendant ce temps, très altéré, je mange un citron. Le capitaine Duneau, encore tout étourdi, m'en demande la moitié, que je lui donne. Voici ce qui vient de lui arriver. Nos capitaines avaient été autorisés à se monter à leurs frais dès le début de la campagne. M. Morati, mon capitaine, avait acheté un petit cheval numide alezan clair, à queue courte. Peu habitué aux sonneries, aux coups de feu, aux commandements, le cheval faisait des bonds de cabri à chaque bruit inattendu.

M. Duneau, très bedonnant, très myope, n'avait pas encore trouvé de cheval à sa convenance. Mais, bien fatigué, il pria M. Morati de lui prêter Ali — et voilà bientôt le pauvre capitaine sur la bête frétillante. Ça n'allait pas trop mal, lorsque tout à coup, au premier coup de canon, le cheval saute des quatre fers, M. Duneau aussi. Mais le cheval retombe sur ses pieds, tandis que M. Duneau retombe, malencontreusement, les fesses sur un figuier de Barbarie. On se mit à rire de la figure effarée du bonhomme, puis nous l'aidâmes, et c'est à ce moment que ma moitié de citron coopéra au sauvetage.

La lutte était terminée, nous étions vainqueurs, mais bien fatigués. Jusqu'à ce moment, soutenus par la lutte, les cris, l'odeur de la poudre, nous étions entraînés par nos nerfs surexcités.

Mais le retour, par les landes pierreuses, ou par la terre fraîchement remuée et soulevée par les pieds des hommes et des animaux en une fine poussière brûlante, le soleil fou sur la tête, et rien que la sardine dans le ventre, fut très dur.

Les bidons étaient vides, les voitures chargées d'eau étaient loin. Nous avions soif. Des hommes tombent — égoïstes, nous passons. — Les cacolets les prendront.

On fait halte; un cri retentit en avant de la colonne: de l'eau! de l'eau! En effet, deux bourriquots s'avancent portant de grandes gargoulettes et conduits par un petit arabe. Les officiers se précipitent. Notre bon et brave commandant Pedoya les arrête : « Les hommes d'abord, messieurs ! » Et la distribution commence. Chacun a eu son quart plein.

Oh ! les glaces du *Napolitain*, les sherry-goblers de chez Julien, où êtes-vous ! je pensais à vous en buvant ce quart d'eau tiède et douceâtre, qui pourtant me parut divin.

Peu après nous arrivions à l'endroit où nous avions déjeuné. Le convoi était parti aux bords de la mer où nous devions camper.

Des Arabes entouraient le marabout, très pacifiques en leurs gandourahs blanches nous offrant au passage des pastèques, des grenades, des oranges avec de grandes salutations. Je pris une pastèque d'un beau vert émeraude, je la coupai en deux avec mon sabre, en offrit la moitié à M. de Fraville, et plongeai ma tête dans l'autre moitié, mordant la belle chair rouge, palpitante et juteuse.

Nous arrivons, la nuit tombait, le camp est dressé sur des dunes d'un sable fin, sec, très blanc. Les ordres pris et comuniqués, je me sauve, me déshabille et me couche dans... la mer, sur le sable encore chaud du soleil du jour.

Longtemps je reste ainsi assis dans l'eau tiède, que pas une vague ne ride. Devant moi tout est sombre; à gauche une grande clarté blanche, ce sont des projections électriques de la flotte; derrière moi le camp s'illumine de ses feux de broussailles flambant clairs autour des marmites.

Puis nous mangeons la soupe, bâclée en une heure, et nous nous coulons sous notre tente commune, que nous étrennons en la partageant avec une multitude de longues et fines souris blanches.

Sousse, le 28 septembre.

Je ne suis plus à la Casbah. Je loge avec une section à 500 mètres de la ville, dans un ancien grenier à blé en pierre, appartenant au général Bacouch, situé au milieu d'un jardin fort bien cultivé. De cette façon je garde la route de Kaïrouan. Je ne m'en plains pas, malgré le surcroît de fatigues et de précautions pendant la nuit. Mais, entre nous, c'est là un poste avancé, isolé, nous sommes en guerre ouverte avec les Arabes ; si j'avais été commandant, j'aurais donné ce poste à un officier. Enfin c'est une preuve de la confiance que j'inspire en haut lieu.

Hier, revue sur l'esplanade de Bab-el-Gard, grande comme celle des Invalides, et où on pourrait installer un camp superbe. La revue est passée par le consul de France, receveur de la poste, et par le général tunisien Bacouch. Nous avons déjà un air de vieille troupe de campagne qui fait plaisir à voir. La revue était pour sept heures du matin. A six heures et demie nous sommes prêts, rangés en ligne, la droite aux murs de la Casbah, la gauche aux jardins d'oliviers, d'orangers, de grenadiers qui entourent l'esplanade. A sept heures juste, le général arrive avec les consuls étrangers, le grand-prêtre de la mosquée de Sousse, homme étrange, à figure de troisième rôle de *mélo*, qui joue, dit-on, jeu double, avec les insurgés et avec nous ; de nombreux officiers, aux uniformes bizarres, en babouches jaunes, et aux armes rouillées, accompagnent ces *grosses* légumes. Mais le consul français n'arrive pas. Enfin, vers huit heures, nous voyons accourir un gros monsieur très barbu, en veston d'alpaga, casque indien, ombrelle verte, qui se précipite vers le colonel, et s'excuse bruyamment en s'épongeant le front d'un mouchoir rouge ; c'est le représentant de la France. Les clairons sonnent aux champs : nous portons les armes. Puis la revue se termine sans incident ; les Arabes nous regardaient manœuvrer avec admiration, et ils saluaient très bas notre guidon tricolore — seul emblème de la Patrie — car ils sentent bien que nous sommes la Force.

Après la revue, il y a eu messe et *Te Deum* à la chapelle des franciscains italiens. Les officiers, les sous-officiers, les autorités tunisiennes et les consuls y ont assisté en grande tenue.

Bravo pour notre cher colonel Moulin, qui a tout préparé, tout combiné, et si bien mené son monde et les événements depuis vingt-cinq jours que nous sommes en Afrique.

Les Arabes le craignent et ses troupiers l'adorent.

Pour nous, le meilleur moment de la journée est celui du rapport qui se fait dans un kiosque tout bleu et blanc, à l'entrée de la Casbah; par les fenêtres à jour et dentelées, on voit la mer bleue de tous côtés, aux murs les étendards de soie rouge ou verte, pris dans l'arsenal de Sousse, les sergents-majors et adjudants, forment le cercle, et au milieu entouré des chefs de service, le colonel, correct, uniforme boutonné, en bottes, la cravache à la main, dicte la décision d'une voix nette et précise. Que c'est bon d'avoir un tel chef et de l'aimer. Le pékin ne sait plus ce que c'est que d'obéir. Comme je le plains. Il est vrai que c'est peut-être bien de la faute de ceux qui le gouvernent.

Sousse, le 2 octobre.

La colonne Moulin a vécu. De grands chefs sont arrivés de France. D'ici peu ça va chauffer.

Notre brigade est formée, sous le commandement du général Étienne, le colonel Moulin reprend simplement son cher 13ᵉ de marche.

Tout le monde le regrette et de prime-abord nous perdons au change. L'extérieur du général n'est ni militaire, ni sympathique. Petit, gros, très roux, avec une barbe ronde de même couleur, il est loin d'avoir la haute mine et l'aristocratique allure de notre colonel. Les Arabes sourient quand il passe à pied dans les rues de Sousse. Nous le verrons à l'œuvre.

En même temps que le général Étienne et son état-major, sont arrivés deux batteries de montagne, deux batteries de 80 centimètres de campagne à cheval, un second régiment d'infanterie, le 6ᵉ régiment de hussards, une compagnie du génie et des soldats du train, et des services administratifs. Enfin, un aumônier.

Tout ce monde là campe avec nous, sous la petite tente sur l'esplanade de Bab-el-Gard. Dans la Casbah, il n'y a plus que les officiers payeurs de chaque corps, les services de la trésorerie, l'aumônerie et l'hôpital qu'on commence à organiser.

Le camp est gardé aux distances réglementaires par les sentinelles doubles, les petits postes et les grand'gardes. Un bataillon est de jour pour assurer ce service.

Aux heures de repos, la ville regorge de soldats. Sur les quais, c'est un va-et-vient continuel de portefaix et de soldats déchargeant des vivres et du matériel. Les cafés ont trop de consommateurs. Il y a un cercle des officiers. Et le dernier paquebot a amené de Bône une troupe de café-concert.

La civilisation commence son œuvre.

Notre chère Sousse, si calme des premiers jours n'est plus.

Comme elle était jolie, sous le clair de lune, la nuit, mollement endormie sous sa robe blanche, ourlée de l'écume ambrée de la mer. Par les rues désertes, on allait comme en une ville de rêve, de loin en loin, une silhouette blanche passait, rapide, sans bruit... dans l'air tiède, flottait un parfum..., ce parfum si pénétrant de verveine orientale. Parfois, au détour d'une ruelle, de derrière un moucharabié fermé, une voix de femme chantait, très douce, accompagnée de mandoline... Puis, tout à coup, de la haut, du gros palais de la Casbah, un chant de clairon sonore, rappelant les vainqueurs, lançait les notes claires et vibrantes de l'extinction des feux...

Sousse, le 4 octobre.

Je suis en train d'*arrêter* mon trimestre, que j'enverrais volontiers au diable. Oh! cette feuille de décompte, ces mutations, ces calculs de rations, de soldes, de journées de présence, d'absence, etc., etc., tout cela est exigé, avec raison, mais il y a des moments où mes galons de sergent major me pèsent lourd aux manches.

Seul de tous, je ne loge point sous la petite tente. Je devrais être heureux. J'habite un ancien moulin à huile abandonné et placé, grosse tour ronde démantelée au milieu du campement de mon bataillon.

Mon palais n'a pas de fenêtres, sa seule ouverture, c'est la porte, trou béant sur la campagne. J'ai trouvé une planche, qui recouverte d'alfa me fait un lit délicieux. Dans le jour, le dit sommier placé sur la boîte à livrets me sert de table, comme ma caisse de comptabilité me sert de siège. Mon fourrier partage cette luxueuse installation qui fait envie à tous.

Le temps s'est rafraîchi. Il a beaucoup plu cette nuit. Le ciel est chargé de gros nuages noirs. On se croirait en France n'étaient les longs murs blancs de Sousse, la campagne pleine de palmiers, de dattiers, d'oliviers et de figuiers de Barbarie, dont le vert bien lavé a pourtant des tons d'arbres d'Europe, et l'immensité bleue *quand même* de la Méditerranée qui nous sépare du pays.

Hier, j'ai dîné chez l'agent de la compagnie transatlantique, M. Arnaud, pour lequel j'avais plusieurs lettres de présentation. Il habite avec sa famille le long des remparts du côté de la mer entre les portes du Poisson et de la Marine, une grande maison mi-arabe et mi-européenne. Au rez-de-chaussée, le bureau de la compagnie; au-dessus son domicile. Toutes les pièces ouvrent sur une terrasse entourée d'une sorte de cloître à colonnades. Le tout est recouvert ou dallé de poteries vernissées bleu et vert du plus joli effet, au milieu, une fontaine coule une eau fraîche.

M. Arnaud vit là, avec sa femme, une italienne de Tunis, et cinq enfants qui parlent tantôt italien, tantôt arabe, tantôt français. J'ai reçu de tous le plus aimable accueil. La conversation a roulé sur les événements, qui ont précédé notre débarquement. Il paraît que nous sommes arrivés à temps, et que deux jours plus tard la ville serait devenue la proie des dissidents que nous avons battus à Kalaa et à Monastir, et qu'il aurait alors fallu renouveler les exploits de nos camarades, à Sfax.

J'ai mangé chez cet excellent homme pour la première fois du couscoussou, c'est très bon. Mais il est possible que c'était là un plat perfectionné et que ce que j'ai mangé ressemble au couscoussou du désert, comme la bouillabaisse de Roubion ressemble à la soupe de poissons des pêcheurs de Provence. De bons plats de France suivaient le hors-d'œuvre arabe. Le tout arrosé de généreux vins de Sicile et de Bordeaux.

Il y avait longtemps que je n'avais si bien dîné. Au dessert, un des enfants de mon hôte s'est levé buvant à la santé des Français de Sousse et de la mère patrie.

A dix heures, M. Arnaud me reconduisait au camp où tout dormait déjà, sauf mon fourrier Mutrel, qui la lanterne allumée, travaillait au trimestre dans le moulin à huile de Bab-el-Gard.

Sousse, le 9 octobre.

Encore une sortie qui peut compter. Avant-hier, la brigade tout entière est partie sur la route de Kairouan pour reconnaître ladite route à l'est, jusqu'à M'ssaken. Il paraît qu'il y avait par là un fort groupe d'Arabes qui devaient nous prendre en flanc lors de notre marche définitive sur Kairouan. Et le général Etienne ne veut se mettre en route pour Kairouan qu'à bon escient, ce en quoi nous l'approuvons fort. A six heures départ. Nous devons rester deux jours dehors, et comme la brigade entière est de la fête, cela fait sur la route un joli ruban de troupiers, de chevaux et d'arabas de transport. Nous traversons deux petits villages et arrivons sans encombre en vue de M'ssaken. Partout nous trouvons bon accueil et le drapeau blanc de la soumission arboré.

Nous campons dans une grande et belle plaine au sud de ce dernier village. Le rapport fait et communiqué, nous dressons nos tentes. La cuisine est installée, nous déjeunons de bon appétit. Puis, sûr d'être tranquille pour le reste de la journée, je m'allonge sur le sol, et protégé du soleil par la tente relevée au nord sur deux piquets, j'allume un cigare et me mets à rêver les yeux ouverts. Il n'y avait pas cinq minutes que je jouissais de ce doux *farniente*, qu'un homme vint me chercher de la part du capitaine. J'accourus : « Major, me dit le capitaine, « vous allez prendre votre section et vous en « aller en poste avancé dans une maison que « vous trouverez à trois kilomètres au sud du « camp. Vous vous installerez dans la maison, « vous aurez soin de vous garder sur toutes vos « faces, et comme vous n'êtes rélié à aucun

« poste, que vous êtes absolument seul, vous
« n'avez d'autre consigne que de vous défendre
« à outrance, si par hasard vous êtes attaqué. »
Je ne répondis rien, saluai, et partis. Allons, il
faut marcher! Ma section est bientôt sur pied,
et non sans grommeler, les hommes défont
leurs tentes, remettent leur sac, prennent leur
fusil et me suivent dans la direction indiquée.
Au bout d'une demi-heure de marche, j'arrive
devant une haie de figuiers sauvages, je m'ouvre
un passage à coups de hache et nous nous trouvons en plein paradis terrestre, moins Ève et le
serpent. Au milieu d'un jardin délicieux rempli
de grenadiers, de citronniers, d'orangers, de
cactus, d'aloès géants, de palmiers de toutes
espèces, s'élève une large maison arabe au toit
crénelé d'un joli style mauresque très pur. Un
ruisseau traverse cette oasis, y répandant une
aimable fraîcheur. C'était mon poste. J'installai mon petit monde, plaçai mes sentinelles
et me mis à attendre en cette jolie demeure la
venue de l'ennemi sans y croire beaucoup.

Pourtant vers cinq heures, comme je causais
avec le sergent Mouchel, un gros normand qui

m'expliquait la greffe des pommiers, en inspectant avec moi le superbe jardin fruitier, nous entendîmes sur la gauche une fusillade encore éloignée. Je montai vite sur la terrasse de la maison, après avoir donné ordre d'être prêt à toute éventualité ; et à trois kilomètres environ j'aperçois avec ma lorgnette, un vif combat de cavalerie de chez nous contre une troupe nombreuse d'arabes. Le soleil est maintenant très bas sur l'horizon, et c'est d'un effet saisissant, ce combat, cette mêlée de cavaliers, aux burnous flottants, aux dolmans bleus, là bas, dans cette poussière dorée des reflets du couchant. Les nôtres semblent se replier, et les Arabes avancer. Je donne à voix haute, de mon observatoire les ordres à Mouchel, il faut s'attendre à tout. Mais hélas! la nuit qui arrive sans transition dans ce pays, arrête la lutte, et il fait juste assez de clarté pour que j'aperçoive les Arabes, à leur tour, s'enfuyant du côté du sud, et nos hussasds, reformés par quatre, revenant en ordre vers le camp.

Il n'y avait plus qu'à manger prosaïquement la soupe, et à attendre le jour. C'est ce que nous fîmes, très tranquilles, mais bien gardés par nos sentinelles doubles, tandis que le silence de la nuit n'était plus troublé que par le cri intermittent des hiboux nichés dans les créneaux des murs de notre maison.

Au petit jour, nous fûmes réveillés en sursaut par le *halte-là* des sentinelles, on m'envoyait du camp, une autre section en renfort, et mon lieutenant M. de Fraville, qui prit le commandement de suite; il me raconta, alors, l'affaire de la veille, dont j'avais été témoin passif du haut de la terrasse, les hussards avaient eu trois hommes tués et deux disparus.

Or, le général ne voulait pas revenir sur Sousse, sans être fixé sur le sort des deux hommes disparus.

Aussi, en même temps que mon renfort, étaient partis du camp un bataillon d'infanterie et un escadron pour intimider les habitants de M'ssaken, certainement complices des dissidents.

Nous devions, nous, nous porter en avant, nous déployer en tirailleurs, et attendre les Arabes, pour leur barrer la route en cas de fuite.

De cette façon, M'ssaken allait se trouver prise entre deux feux.

En quelques minutes, mes hommes furent sur pied. On fit le café à la hâte, on en mit une partie coupée d'eau dans les bidons, et un quart d'heure après l'arrivée de M. de Fraville, nous disions un adieu attendri à la jolie maison qui nous avait abrités pendant une journée, et où il aurait fait bon vivre heureux et solitaires, en des temps moins troublés.

Nous étions embusqués, depuis une heure environ, derrière une haie de cactus, où nos hommes s'étaient taillés des meurtrières, lorsque déboucha à bonne portée, un gros de cavaliers arabes détalant à toutes brides. Nous les reçumes à bout portant par une décharge générale, puis, poussant de grands cris, nous escaladons la haie, non sans nous déchirer aux longues épines des feuilles, et nous refoulons devant nous, à la baïonnette, les Arabes affolés, empêtrés en leurs grandes selles, embarrassés de leurs longs moukalas inutiles et déchargés. Mais nous sommes trop inférieurs en nombre pour tirer parti de la surprise de nos ennemis, qui se remettent bientôt, font une volte rapide, et se trouvent de suite, en ce pays boisé, hors de la portée de nos armes.

Nous rejoignons le bataillon qui nous attend au camp, laissant derrière nous une vingtaine d'Arabes morts, et rapportant quatre beaux chevaux harnachés. Le général nous félicite.

On attend le retour de la reconnaissance de M'ssaken. Pendant que M. de Fraville fait son rapport au commandant, nous mangeons une croûte de pain et buvons une gorgée de café. Le gros de la colonne est déjà en route pour Sousse, mon bataillon formera l'arrière-garde dès la rentrée des troupes parties à l'aube. Et cela nous fait un drôle d'effet, de nous sentir seuls dans cette grande plaine, tandis que les autres, là-bas, partent sans nous.

Bientôt nous entendons des coups de feu, et nous voyons les camarades battant en retraite, au pas, très calmes, suivis à 2 ou 300 mètres par des Arabes qui tiraillaient maladroitement, se cachant, et n'avançant qu'avec une prudence grande. Nous nous laissons dépasser par ceux qui reviennent et qui, se reformant par quatre, prennent la route de Sousse.

Nous-mêmes, suivons le mouvement général, par échelons, de façon à ce que les Arabes aient toujours devant eux une compagnie déployée et prête, si besoin est, à prendre l'offensive. De temps en temps, nous recevons des coups de feu d'ennemis devenus invisibles et qui, pourtant, marchent sur nos traces sans se laisser voir; nous ne ripostons plus. Mais l'état d'énervement de la troupe atteint son extrême limite, par cette poursuite d'ennemis invisibles qu'on sent sur ses talons, et qu'on ne peut joindre même de la balle de son fusil.

Nous faisons pourtant bonne contenance, aidés de la gaîté communicative de nos chefs dévoués, et ce n'est que sous les murs de Sousse que ces bandits nous laissent en paix. Il y avait dix heures que nous marchions et combattions le ventre creux. Aussi ai-je joliment dormi dans mon moulin, sur ma planche tapissée d'alfa.

Sousse, le 16 octobre.

L'audace des Arabes grandit d'heure en heure. Ils nous voient, nombreux, bien armés, sortir de nos camps et partir en colonne. Comme nous revenons toujours sur nos pas, ils s'imaginent, en leur cervelle orgueilleuse, que ce sont eux qui nous barrent la route de Kairouan. Nous sommes donc des vaincus et ils viennent tirer des coups de feu autour du camp. Hier, une balle a traversé la tente de mes sous-officiers ; chaque nuit, nous sommes réveillés en sursaut par des coups de fusil et de tromblon aux avant-postes.

Des primes en argent sont promises aux sentinelles qui apporteront les dépouilles opimes de nos ennemis toujours invisibles. Il faut en finir ; la fièvre de l'agacement sévit sur nos hommes.

En ville, la moindre discussion entre indigènes et soldats finit par des coups. Il n'est pas de jour où on ne trouve un Arabe poignardé d'un coup de baïonnette le long des remparts, et où des troupiers ne se présentent à la visite pour des contusions faites par la terrible matraque arabe.

La compagnie du génie vient de débarquer la locomotive et les wagons du chemin de fer Decauville qui doit relier Kairouan à Sousse, et dont les rails seront posés à mesure que nous avancerons vers la ville sainte. Les rails viennent déjà jusqu'au camp. Mais la rampe du cimetière est trop forte : la locomotive patine sur place, fume, fuse de la vapeur, mais n'avance pas. Il est à croire qu'elle sera remplacée par des chevaux, et que c'est un tramway qui parcourra le désert entre la mer et la seconde ville de l'Islam.

Sousse, le 18 octobre.

Hier, le 14ᵉ régiment de marche, sous les ordres du colonel Lannes, avec lequel nous faisons brigade, est parti pour Ouëd-Laya, la première étape sur la route de Kairouan.

A peine arrivé, et pendant l'installation de son campement, il a été assailli par une nuée d'Arabes, qui ont razzié le troupeau, mis le feu à une ferme; les hommes, effarés, ont couru trop tard aux faisceaux, le mal était fait.

On parle de blessés, de prisonniers faits par les dissidents, on dit que le colonel Lannes ne s'était pas gardé. Je tiens ces détails d'un secrétaire de la brigade qui est venu dîner avec nous. Tout le monde, grands chefs et soldats, a l'air consterné.

Sousse, le 20 octobre.

L'ordre de Tunis est arrivé. Nous partons demain, laissant la garde de Sousse à un bataillon de chasseurs à pied qui vient de débarquer, pour Kairouan. Le colonel Moulin disait ce matin, pendant le rapport, au commandant Pédoya, qu'il fallait que la ville sainte soit prise pour le 28 au plus tard, afin qu'une victoire soit annoncée le jour de la rentrée des

Chambres, et consolide le ministère, menacé par une interpellation au sujet de la Tunisie.

Que ce soit pour ça, ou pour autre chose, peu importe, l'essentiel c'est qu'on va marcher en avant, pour ne revenir en arrière qu'après la conquête pour le grand retour, et cette pensée nous réjouit. Enfin!!! en avant!!!

Le général Étienne, son état-major, tous les services : intendance, trésorerie, postes, télégraphe, aumônerie, partent avec nous. C'est le déménagement complet. Je ne vais regretter de Sousse que la mer, la douce et tiède eau du grand lac bleu. C'est le désert que nous allons avoir ; mais à la grâce de Dieu ; tout vaut mieux que l'inaction.

CHAPITRE II

KAIROUAN

Camp de l'Ouēd-Laya, 22 octobre.

Nous sommes arrivés ici sans encombre, en nous promenant, par une route délicieuse qui traverse sans arrêt des jardins d'oliviers et de palmiers, et de fertiles champs, qui montrent surabondamment la richesse de cette grasse terre du Sahel, l'ancien grenier de la Rome impériale.

Nous avons vu le long de la route des vestiges de l'assaut soutenu par le 14e de marche, dont je vous parlais dans ma dernière lettre de Sousse. Le plus saisissant de tous, c'est un pauvre mercanti que nous avons trouvé pendu tout nu, les parties génitales entre les dents, et les jambes brûlées jusqu'aux genoux par un brasier fait de ses futailles de vin et d'alcool ; on a enterré le pauvre homme, peu intéressant durant sa vie, mais martyr par sa mort. Quel exemple pour les traînards!! Le 14e de marche a eu des blessés et des morts, mais de tout cela, on parle le moins possible. Ce régiment va rester ici, du reste, pour assurer nos communications avec la mer, et c'est nous qui marcherons sur Kairouan.

Camp de l'Ouëd-Laya, 23 octobre.

Nous sommes encore pour aujourd'hui et demain à Ouëd-Laya. Après-demain nous partirons, à moins d'ordres contraires.

Notre camp s'étend autour d'un très beau jardin clos de haies, au milieu duquel s'élève une propriété d'aspect agréable, saccagée par les Slass, et où cantonnent le général Étienne et l'état-major. Dans le jardin et sur les faces regardant leurs troupes, les chefs de corps, au centre les tentes de la presse. La tente du correspondant de mon cher *Figaro* porte sur ses quatre faces un grand F traversé d'une plume. Après mon *Figaro* qui est pour moi Paris, dont l'abonnement finit le 31 octobre, et que tu voudras bien renouveler, c'est le *Petit Journal* que j'aime le mieux en raison des articles de tête de Thomas Grimm. Et puis, en les lisant, je me vois encore dans nos belles allées du bois de Vincennes devisant avec notre cher ami Henri Escoffier, entouré de ses deux beaux enfants, Henri et Jeanne, préparant avec nous, par la causerie, par la cueillette des fleurs en pleine rosée matinale, son travail écrasant, son labeur aride et quotidien du *Petit Journal*.

Aujourd'hui, il pleut, le ciel est tout gris, et le sol s'est transformé en une boue glissante. C'est laid et sale. L'Ouëd-Laya, qui, en temps ordinaire, coule un filet d'eau sur son fond de sable, a presque l'air d'une rivière d'Europe. Et c'est tout juste si, grâce au fossé protecteur, j'ai pu conserver à peu près sec le sol de ma petite tente d'où j'écris accroupi sur ma boîte à livrets. Par exemple, nous avons à discrétion de l'eau pour la cuisine, pour le lavage du linge, pour la toilette. Quel luxe! Aussi nous nous en payons.

D'Arabes, on n'en voit plus. Nos communications sont assurées avec Sousse, et demain matin nous aurons du pain frais. Aujourd'hui on est au biscuit. Le service fait et ma correspondance en règle avec vous, je n'ai plus qu'une préoccupation, la table — un euphémisme, la table, — c'est le boulottage qu'il faut dire.

Je fais maintenant tente et popote avec mon adjudant; je n'en suis pas fâché, d'abord nous mangeons mieux, et puis le service souffrait de notre liberté à table avec tous les sous-officiers. Mon adjudant Le Meur est un charmant garçon de Saint-Brieuc, de bonne famille, avec qui je m'entends très bien.

Je suis chargé de tous les détails du ménage.

KAIROUAN

Voici, à titre documentaire, les menus de nos repas d'aujourd'hui :

Menu du Déjeuner du 23 octobre

Potage gras au pain.
Bœuf bouilli aux cornichons.
Rognons de bœuf, sauce Bercy.
Fromage. — Grenade.
Café. — Cognac.

Menu du Diner du 23 octobre

Soupe au macaroni.
Omelette au lard.
Cervelles de bœuf, sauce bourguignonne.
Fromage. — Oranges.
Café. — Cognac.

Bien entendu du vin, de l'eau de l'Ouëd et du biscuit. Nous ne sommes guère à plaindre. Mais pas de légumes, par exemple ; on ne peut pas tout avoir.

Voici l'état de notre personnel :

Un chef cuisinier, ancien pâtissier de Dieppe,

garçon adroit et fureteur, infatigable avec ça, très débrouillard, mais mauvais soldat. Puis nos deux ordonnances : un nommé Labbé, de Saint-Brieuc, pour Le Meur, et David, mon brave David de Quimper, pour moi.

Plus un petit bourriquot qui suit les mulets de la compagnie et qui porte ma comptabilité, mon sac et toute notre batterie et réserve, de cuisine et de vivres.

Avec ça, bon pied, bon œil, nos vingt ans et notre gaîté, nous irions au bout du monde, plus heureux que le père Grévy à l'Élysée.

Ma compagnie est campée en face de l'abattoir, c'est grâce à ce voisinage d'un agrément douteux aux heures d'abattage, que nous avons pu faire figurer sur le menu, *rognons* et *cervelles*.

Avant mon départ de Sousse, j'ai fait confectionner une caisse qui a tout l'air d'un grand cercueil. J'ai enfermé dedans des sabres, des épées, des couteaux maures, deux drapeaux de soie, un tromblon, un grand chapeau de goumier, des cannes de tambour-major, une sacoche de cuir, des palmes, mes petites cafetières prises à Kalaa, et trois amours de tortues vivantes. C'est ma part de butin de l'arsenal de la Casbah de Sousse. Il était bien défendu de rien prendre dans cet arsenal. Mais je le traversais tous les jours pour aller du camp à la Casbah, chez l'officier payeur, et je n'ai pu résister à la satisfaction de me monter une panoplie aux dépens du bey, d'autant plus que c'est peut-être tout ce ce que je rapporterai de la campagne.

J'ai remis ma caisse à M. Arnaud, qui la fera partir pour Paris par le premier bateau de la compagnie transatlantique. Ouvrez vite à cause des tortues...

Kairouan, le 27 octobre.

« Messieurs, je viens vous annoncer une
« grande nouvelle : Kairouan, la ville sainte
« est prise. Le 48ᵉ de ligne occupe la Casbah, le
« reste de la colonne Étienne campe au dehors
« de la ville, près des citernes romaines. On

« attend la colonne Saussier, qui a exterminé
« les dernières bandes des Slass révoltés. »
(Applaudissements unanimes, vive le 48e, vive
la France, vive la République!)

Voilà comme épigraphe à ma lettre les paroles
que devra selon toutes probabilités, prononcer
le général Farre, ministre de la guerre, demain
28, à l'ouverture de la session des Chambres de
1881.

Oui, Kairouan a été prise par nous et sans
coup férir. Je reprends mon récit où je l'ai
laissé à ma dernière lettre du 23.

Le 25, nous sommes partis de Ouëd-Laya,
laissant la moitié de la colonne au camp pour
assurer le ravitaillement, et après une marche
longue et pénible d'une vingtaine de kilomètres
en un pays montagneux, nous sommes arrivés
en vue d'un bosquet de figuiers de Barbarie,
entourant sur une légère colline trois marabouts dont la coupole très blanche se détache
vigoureusement sur le feuillage vert foncé.
C'est là qu'est le tombeau d'un grand saint de
l'Islam, Sidi-el-Hani. Le général se méfiant fit
arrêter la colonne; l'artillerie se mit en batterie

et envoya une douzaine d'obus de quatre-vingt, par-dessus nos têtes, pour éclairer la route. Rien ne bougeant là bas près du tombeau du saint, nous reprenons la marche; car ce sera là le campement des camarades, nous, nous sommes de grand'garde sur l'arrière du côté de Sousse. Il était trop tard pour tuer des bœufs et faire distribution de viande fraîche; on a mangé une demi journée de vivres de réserve du sac.

Heureusement pour Le Meur et pour moi, un mulet était mort d'insolation et gisait près de notre bivouac, mon cuisinier aidé de David alla le dépecer et en détacha le filet, qu'il nous fit cuire coupé en tranche avec de l'eau-de-vie; cela était bon avec un aspect noirâtre et une forte odeur de gibier. Pauvre mulet, ce sera toujours ça de moins que les chacals auront eu de lui.

Le lendemain 26, un peu avant le lever du soleil, le café pris, nous sommes partis pour Kairouan laissant une compagnie sur la colline de Sidi-el-Hani. Nous marchions en grand carré, à la Bugeaud, ce qui consiste en une succession de carrés formés par la troupe, avec au centre tout le convoi.

La colonne se compose maintenant du général Étienne, de son état-major, de trois escadrons du 6ᵉ hussards, du 23ᵉ bataillon de chasseurs à pied, du 48ᵉ de ligne et du 116ᵉ de ligne, d'une batterie de quatre-vingt de campagne et d'une demie batterie de quatre-vingt de montagne, une compagnie du train, deux cents mulets et huits cents chameaux.

Comme ça pas de surprise à craindre et on va gaîment, protégé sur toutes les faces. Ma compagnie relevant de grand'garde sur l'arrière, marche en ligne derrière le convoi. Position mauvaise, nous avalons la poussière soulevée par les huit cents chameaux, leurs conducteurs arabes, les mulets, les voitures et les canons, caissons, etc. Tandis que nous montons la pente assez raide d'une colline, nous entendons en avant une immense clameur. Ce sont les camarades qui saluent Kairouan. Parvenus au sommet, nous poussons un cri à notre tour. Oui, c'est Kairouan, là bas au fond de la plaine immense, une longue ligne blanche qui ferme l'horizon et semble plaquée au pied des bleues montagnes de Zaghouan. Kairouan la sainte, Kairouan vierge de tous contacts chrétiens.

Et durant cinq heures de marche nous allons la voir là bas, la blanche ville, d'heure en heure, elle se rapproche de nous... mais que c'est loin. Il fait trente-cinq degrés de chaleur, et nous sommes aux plus chaudes heures de la journée. Le ciel est bleu impitoyable ; le sol est tout jaune doré, très sec et tout craquelé, on croirait marcher sur des débris de poterie. C'est dur et chaud, ça brûle. Nous avançons pourtant, de temps en temps, nous traversons un Ouëd de sable où nos pieds se reposent d'un sol trop sec par un sable mouvant, de place en place au milieu du lit des Ouëd, un peu de limon a permis à d'immenses tamaris et à de gigantesques ricins de pousser leurs fleurs roses et leurs larges feuilles d'un vert sombre, doublé de rouge.

Maintenant nous distinguons nettement la ville, qui s'étale en la plaine ceinte de haute murailles blanches crénelées, entourée de ses faubourgs, aux maisons basses et surmontées de coupoles, blanches ou vertes, et de minarets que domine la tour immense de la grande mosquée. Rien de vivant n'apparaît en cette masse blanche qui étincelle et miroite sous le soleil.

Halte! toute la colonne s'arrête, l'immense carré s'immobilise et, si des murailles un arabe curieux regarde, il doit avoir un beau spectacle. Ordre nous est donné de manger, nous ne nous le faisons pas dire deux fois, et pour ma part je sable une rasade de vin de Sicile légèrement échauffé, qui fait passer une tranche du mulet d'hier, le tout fade et juste à point, mais bah! tout fait ventre pourvu que ça rentre, comme dit David...

En avant de nous, il y a des allées et venues, auprès et autour du général Étienne qui a gagné l'avant-garde.

Bientôt, un fort peloton de hussards se dirige vers un faubourg à gauche. Il revient un quart d'heure après escortant un gros monsieur, qui doit être le gouverneur général tunisien, monté sur une mule blanche très harnachée. Avec la lorgnette de M. Tuot, je vois qu'il n'a pas de bottes et que son pantalon sans sous-pied, a remonté au mollet, au trot de sa mule.

C'est grotesque.

Le cortège se dirige vers le général. Et un drapeau blanc est arboré au minaret de la grande mosquée. Alors, comme par enchantement les murs qui nous font face se couvrent d'Arabes silencieux.

Nous sommes tous sur pied, oubliant nos fatigues. L'aide-de-camp du colonel Moulin vient au devant du commandant Pédoya dont la figure s'illumine; il tire son sabre et crie : *aux faisceaux*, et laissant le convoi, nous gagnons la tête de la colonne. Nous défilons devant le général tunisien qui a assez belle mine et nous salue d'un geste noble, en dépit du pantalon relevé. M. Tuot, mon lieutenant, m'apprend qu'il vient d'apporter les clefs de la ville au général Étienne. Nous nous formons en ligne de compagnie. Le sergent Mouchel, mon chef de demi section, porte à son fusil le fanion de tir gagné par la compagnie avant son départ de France, dont les plis de soie tricolore flottent

gaîment au souffle d'une forte brise qui vient du sud, très chaude. Ordre est donné de rectifier la tenue. Nous boutonnons nos capotes, resserrons la bretelle du fusil, assurons le couvre nuque et attendons. Le colonel Moulin arrive bientôt, on met la baïonnette, les officiers tirent le sabre et nous portons les armes : « Mes
« enfants, crie le colonel, souvenez-vous bien
« d'aujourd'hui, ce sera sans doute le plus beau
« jour de votre vie de soldat. Le général vous
« désigne vous du 48° de ligne, en récompense
« de votre brillante conduite, pour occuper
« Kairouan au nom de l'armée française ; vous
« allez traverser toute la ville et prendre pos-
« session de la Casbah, tandis que vos cama-
« rades vont faire le tour des remparts et cam-
« peront en dehors! » Un frémissement de joie répond seul au colonel, mais quelle envie nous avons de crier vive la France ! La fatigue, la faim, la soif, tout est oublié. Ah! quel homme que notre cher colonel, nous l'aimons bien. Il commande d'une voix forte : « L'arme sur
« l'épaule droite! Par le flanc droit, par file à
« gauche, marche! »

Les clairons entonnent la marche du 48ᵉ et au pas cadencé, comme à la parade, nous marchons vers la ville.

Il n'y a devant qu'un peloton de hussards, le général, le général tunisien et l'état-major, puis nos officiers à nous. Le porte fanion du général, tient haut, un drapeau tricolore, en laine, qu'on va, tout à l'heure arborer. Nous passons sous une porte monumentale; huit soldats tunisiens, en noir, avec la chechia rouge, timbrée de cuivre, recouvrant la petite calotte de crochet, portent les armes, rendant les honneurs, tandis que le petit tambour du poste, grêle et mince, bat une marche et que nos clairons sonnent fièrement sous la voûte sonore, la casquette au Père Bugeaud. Nous portons les armes et passons. Nous montons une rue large, bordée de maisons aux fenêtres voilées, derrière lesquelles on devine des regards anxieux et curieux. Nous passons devant la grande mosquée, la porte en est fermée, et je laisse un poste de quatre hommes commandés par le caporal de la première escouade. Les rues sont pleines d'Arabes qui nous regardent hébétés, stupéfaits, ils ne comprennent pas ce qui arrive, mais sont saisis de respect pour cette force qui passe.

On arrive à la Casbah, grande cour carrée, au milieu un puits, et sur les quatre faces les ouvertures des casemates, fort propres, ma foi, où nous allons nous loger. Sur la campagne une porte est ouverte, laissant voir, une échappée gaie, verte, très ensoleillée.

Cette fois nous sommes chez nous. Vite, le capitaine Duneau demande à boire, ce qui est sa façon de prendre possession d'un local; chacun se case, se loge, s'installe, bientôt les distributions faites, les feux sont allumés, et les marmites chantent la soupe.

Le drapeau tricolore flotte au mât de la tour et enveloppe de ses plis le pavillon du bey, notre vassal.

A Guingamp, c'est le colonel Verrier qui va être content quand il saura que ses soldats, ses enfants, ont été ainsi à l'honneur.

Et tandis que je vous écris ces lignes à la lueur vacillante d'une bougie, avant de m'endormir, des troupiers chantent les chansons du pays dans la casemate voisine, les sentinelles veillent au dehors, et des fusées éclatant au-dessus de la casbah apprennent, en leur étincelant langage de pourpre, d'améthyste ou d'émeraude, au général Saussier, en route pour nous rejoindre, que Kairouan est à nous.

Kairouan, le 4 novembre.

Je viens d'être malade, mais tranquillisez-vous, je suis guéri. Ce n'est pas drôle d'être malade au régiment. Voici le fait : le 1er novembre, en revenant du rapport, je fus pris de douleurs de reins très vives et d'un frisson de fièvre. Immédiatement je me couchai, sur les briques qui me servent de matelas, et la tête sur mon sac, je bus du thé et tâchai de me reposer. La journée se passa. La nuit fut très agitée, et je me décidai à aller à la visite. Ce que je fis le 2 au matin. Notre docteur, accompagnant un convoi, était absent. C'est un médecin étranger qui nous voit ; il me regarde, me tâte le pouls, me fait tirer la langue, et me dit :

« Du repos, mon ami, une bonne purge, et dans deux jours, vous êtes guéri ! »

On cherche une purge quelconque dans la cantine médicale. Néant. Il n'y en avait pas. Le docteur reprend : « Prenez un peu d'ipéca. » Il me le prépare lui-même, puis, l'horrible poudre délayée, je l'avale, et le major me fait boire par dessus de l'eau froide, en me disant : « Marchez un peu, et cela vous fera l'effet d'une purge. » Je me sauvai, et ne pouvant rester dans ma casemate, je sortis dans la campagne et m'assis sur un petit tertre sous un olivier, en proie à ce vertige particulier aux maux de cœur. J'ai souffert là tout seul, dans ce coin d'Afrique, au pied des grands murs blancs de la Casbah, une heure dont je me souviendrai longtemps. Enfin je parvins, à force d'efforts inouïs, à rendre l'ipéca et à me débarrasser d'un peu de bile. Puis je retournai vite me coucher.

A trois heures, on sonne aux sergents-majors. J'envoie mon fourrier. C'était l'ordre de départ pour le lendemain 3 novembre, en colonne, dans le Sud ; je ne pus retenir un : Tonnerre de Dieu ! bien senti. J'étais cloué sur mon lit, et les camarades partaient. Impossible de faire un pas. Je fus désigné comme commandant du petit dépôt, et comme le 48ᵉ devait être remplacé, dans son casernement, par le bataillon de chasseurs, on mit dans une casemate tout le matériel du bataillon, celui des officiers, le bois de réserve des cuisines et vingt-cinq malades, dont moi, par-dessus le marché. Ah! elle est jolie cette chambrée de misérables. Mon ordonnance David est parti avec le bataillon ; je suis donc seul.

Au moment du départ, le commandant m'a fait appeler et m'a confié sa cantine personnelle, en me souhaitant bonne santé. Je restai après son départ sur la plate-forme de la tour de la Casbah, et longtemps je regardai mon cher bataillon, en tête duquel j'avais toujours marché, s'en aller, sans moi, à travers les rues d'abord, puis serpent noir de plus en plus réduit, dans la campagne toute blanche. Quand il disparut, je sentis un grand vide en moi, et me mis à pleurer.

C'est le docteur des chasseurs qui passe la visite, et il expédie cette formalité au pas de course. Il a un peu d'égard à cause de mes galons ; et, sur mon insistance à avoir une purge, car voilà trois jours que je n'ai été à la selle, il me donne un peu de la rhubarbe qu'il a *pour lui* dans sa pharmacie personnelle, car il n'y a pas plus de purge aux chasseurs qu'au 48e. Il m'ordonne de plus de la tisane d'orge, de l'orge des chevaux, ajoute-t-il.

La rhubarbe m'a dégagé complètement; quant à la tisane, je n'ai pu la boire; j'ai bien fait bouillir une poignée d'orge, mais il en est résulté un bouillon tellement nauséabond, une espèce de thé de paille hachée, que j'ai tout jeté — sans y goûter.

Kairouan, le 6 novembre.

Je suis guéri. Nous sommes sans nouvelles des camarades partis le 3. Ils ne doivent rentrer que dans huit jours, et ce m'est une triste perspective que la cohabitation avec les bagages et les vingt-quatre éclopés.

Ma part de butin dans les fouilles de Kairouan a été un petit oreiller de plumes, et trois pots de confitures d'un fruit bizarre, cela ressemble à du mauvais raisiné. On m'a apporté ces richesses le jour où je suis tombé malade. Je les dois à la munificence d'un mien camarade, sergent du génie. Car personne n'a rien eu, à l'exception des corvées du génie et de l'artillerie chargées des fouilles dans les maisons appartenant aux chefs révoltés, tous en fuite... d'aucuns prétendent qu'on a trouvé des choses superbes : des selles brodées d'or ou d'argent, des tapis de grand prix, des bijoux, de l'argent et de l'or monnayés, etc., etc..., mais, est-ce vrai, tout cela; j'en doute... Il n'y a pas eu de razzia officielle, et partant point de partage. Nous qui comptions sur une nouvelle édition du Palais d'été ! Nous sommes volés.

On ne nous a même pas donné, à nous les vainqueurs, la satisfaction toute morale de visiter la grande mosquée de Kairouan. Bien plus, un ordre qui règle les conditions de visite pour les officiers, en interdit formellement l'entrée à la troupe.

Un moment je m'étais imaginé que nous allions, une fois entrés dans la ville sainte de l'Islam, voir notre aumônier, le bon abbé Eysseric, célébrer la messe dans la grande mosquée, devant l'armée massée dans la cour, aux mille colonnes, comme jadis Richelieu à La Rochelle. Mais c'est d'un autre âge tout ça — et d'un âge qui avait du bon, quoi qu'on en dise. Forcé d'en rabattre, j'espérais qu'on nous laisserait voir, au moins, puisque nous ne pouvions pas toucher, afin que nos troupiers, au retour, aient pu dire : « Les premiers nous avons vu la seconde mosquée de l'Islam... » Rien pour nous. Si, la peine, la fatigue, la maladie, l'eau saumâtre et le biscuit. Les satisfactions de tous ordres, et surtout les joies morales auxquelles on est encore plus sensible, ne sont que pour les officiers ; aussi, il n'y a qu'une chose à faire, travailler beaucoup pour vite devenir officier.

Camp du Cimetière, le 7 novembre.

Hier au soir, à six heures, l'adjudant des chasseurs me fait demander : il m'apprend que mon bataillon vient de rentrer et que je dois le rallier avec les bagages et les malades, en avant de la porte de Sousse, au camp dit du Cimetière. Je ne me le fais pas dire deux fois, et avant le coucher du soleil, j'avais rejoint ma compagnie. J'embrassai mon brave camarade Le Meur et mes sergents. Ah! pauvres amis, ils en avaient passé trois jours!! et moi qui me plaignais. Ils me racontèrent qu'après une première étape assez courte et sans incidents, on était arrivé le second jour dans une jolie plaine que traversait un fort ruisseau d'eau vive et limpide qui allait se jeter dans le lac de Sidi-el-Hani. On se réjouissait déjà de cette belle eau courante si rare dans le pays; mais quand les troupiers voulurent en boire, ils la rejetèrent vite : elle était abominablement salée. De quelque façon qu'on s'y prît, rien n'y fit : bouillie, en soupe, avec de l'eau-de-vie, du café, toujours imbuvable.

Il fallut se passer d'eau.

La colonne devant aller vite, on n'avait pas emporté de vin, mais seulement de l'eau-de-vie.

La nuit et la journée du lendemain, où l'on fit retour en arrière, furent atroces; des hommes, au réveil, suçaient l'herbe mouillée de rosée, ou buvaient leur urine.

Aucun ne murmura. . . . . . . Nul ne peut se douter, s'il n'y a passé, de ce que sont vingt-quatre heures sans une goutte d'eau, sous ce climat de feu.

Le colonel Moulin, qui avait carte blanche pour diriger la colonne, la fit rentrer à Kairouan, et c'est pour cela que je revoyais si tôt mes braves camarades.

Maintenant nous voilà sous la petite tente. Nous avons quatre toiles pour l'adjudant et moi. Deux forment l'abri, les deux autres ferment les bouts. C'est ce qu'on appelle une tente à quatre hommes. Nos hommes vont être occupés à la construction d'un fortin qui doit protéger la porte de Sousse. Les tombes autour de nous s'étendent à perte de vue, régulières, monotones, très tristes.

Camp du Cimetière, 13 novembre.

C'est dimanche, aujourd'hui, major, m'apprend mon ordonnance. — Ah! et comme distraction dominicale, je suis de garde; chef de poste de la porte de Sousse par où nous sommes triomphalement entrés il y a trois semaines. C'est la moins fréquentée des quatre portes qui donnent accès dans Kairouan. Il n'y a pas de faubourgs de ce côté, on voit passer quelques Arabes venant de Sousse et des troupiers qui entrent ou sortent. Les portes sont fermées au coucher du soleil et ouvertes au lever. Elle est ennuyeuse cette longue faction devant la plaine nue, immense, déserte.....

Avant-hier, pendant la nuit, notre pauvre petite tente a été abattue par le vent et la pluie; nous avons été forcés de chercher un refuge chez des camarades, en emportant notre maigre mobilier. Hier tout a séché au soleil, et nous avons rebâti notre maison avec un luxe de piquets, de fossés et d'épaulements en terre consolidés avec des feuilles de figuier de Barbarie, qui lui permettront de défier les orages. Voici quel est mon mobilier : d'abord le lit ; sur le sol, une petite couverture de campement et une maigre et chauve peau de mouton, cela figure sommier et matelas, mon sac, et sur mon sac le carré de plumes du butin ; ce sont oreiller et traversin. Dans l'angle de la tente, ma boîte à comptabilité et ma cantine à effets servent de sièges, de tables et d'armoires. Doublez ce matériel, c'est tout ce que nous possédons l'adjudant et moi. Maintenant regardez-nous, couchés tous les deux côte à côte, enveloppés d'un burnous, le bonnet de coton sur les yeux, une grande couverture arabe multicolore couvrant nos deux corps. C'est la nuit.

Le jour, l'aspect change. La tente se relève du côté opposé au soleil, formant vérandah, et on peut nous voir alors, écrivant, mettant à jour notre comptabilité, mangeant, causant, lisant, fumant, assis par terre, la tête touchant le plafond de toile.

Les colonnes Forgemol et Sabattier ont quitté Kairouan. La première rentre en Algérie et la seconde va occuper les points stratégiques du sud de la Régence. La brigade Étienne reste à Kairouan, occupant la ville et les postes détachés sur la route de Sousse.

Nous semblons devoir nous immobiliser ici. Ce n'est guère favorable à mon avenir militaire; il n'est pas question de propositions, ni pour la médaille, ni pour l'avancement, ni encore bien moins pour Saint-Maixent. Est-ce que tout cela serait réservé à la portion centrale, aux bataillons de Guingamp? Nous faisons campagne, les autres auront les faveurs. On ne peut pas tout avoir.

En réalité, nous avons comme perspective un hivernage à Kairouan. Comme il pleut, le spleen nous pénètre avec l'humidité. Que sont devenus les beaux jours de septembre où la poudre parlait fort sous le ciel clair incendié de soleil, jours de souffrance, c'est vrai, mais jours de vie aussi et d'action?.....

Camp du Cimetière, 15 novembre.

Enfin, le courrier est arrivé avec quinze jours de retard. Oh! mes chères lettres de France : Parents, amis, camarades, comme je vous lis et vous relis; et vous aussi, mes journaux, mon *Figaro*, mon *Petit Journal*, les joies de l'exil!

Que voilà de bonnes heures en perspective. Après le déjeuner, pendant la sieste, je m'étends sous ma tente, j'allume ma pipe ou un cigare et je lis mon *Figaro*, je commence par le plus ancien en date — il est généralement vieux d'une vingtaine de jours. Je m'absorbe dans ma lecture, et me voilà à Paris. Je passe de la politique à la rue — de la Chambre à l'Opéra — de l'Élysée du père Grévy à l'Élysée Montmartre. Je lis tout, tout, depuis la date jusqu'à la dernière annonce — et ce m'est délicieux cet oubli du présent, et cette vie, ce frisson de Paris ressenti par moi sous les murs de Kairouan. J'ai retrouvé l'anneau de Gygès... Merci, Figaro!

Hier j'ai été aux bains maures avec Le Meur.

On entre dans une salle très claire, très ornée, partout des coussins, des divans, des tapis; autour de la salle, de petits loggias en bois découpé à l'orientale et peint de couleurs vives, servent à se déshabiller. C'est alors que, vêtus d'une serviette, chaussés de socques en bois, on passe dans une série de caves basses, voûtées, éclairées de loin en loin par une lampe d'aspect funéraire où la chaleur va toujours en croissant. Quand on a bien sué, un nègre vous prend, vous étale sur une dalle de pierre et, après vous avoir massé, vous lave à grande eau en tapotant la peau de sa main nue; il met son orgueil à en sortir toutes les crasses, toutes les poussières, toutes les impuretés, et en fait, grâce à l'humidité du corps, de longs et minces rouleaux gris, qu'il dispose en chevrons sur le bras, répétant en riant : « Bono! bono besef! » Il était terrible d'aspect le grand gas de bronze, dont les dents étincelaient dans le souterrain de pierre aux murs ruisselants, sous le rayon tremblottant de la lampe fumeuse.

On sort de là bien propre, mais un peu hébété.

Casbah de Kairouan, le 17 novembre.

Nous voilà de nouveau à la Casbah, les chasseurs l'ayant évacuée ce matin. Le 48ᵉ devient garnison d'infanterie de la Ville sainte ; nous sommes désignés pour chercher et conduire les convois, soit qu'ils viennent de Sousse, soit qu'ils aillent vers le sud, dans un rayon de vingt kilomètres, ainsi que pour nombre de travaux aussi variés que fastidieux. Pour commencer demain, je vais, avec une section, protéger les soldats du génie, qui construisent un pont de pierre sur l'Ouëd-Bagla, rivière au nord de Kairouan, qu'on passe à sec en été, mais qui, avec les pluies, devient un fleuve non guéable.

La Casbah fait partie de l'enceinte fortifiée de la ville ; elle forme un bastion. C'est une vaste cour de quarante mètres de côté, entourée de murs fort épais et crénelés ; sous les remblais sont les casemates où logent officiers et troupe. Ces casemates sont propres, banchies à la chaux et voûtées. Au fond, un ratelier d'armes, sur les murs des planches à bagages, le tout peint en bleu. Sous les planches à bagages, à droite et à gauche, un lit de camp en briques cuites de un mètre de hauteur sur 1^m,90 de large. Au milieu de la cour, deux puits d'eau saumâtre et légèrement salée. Deux portes, l'une sur la ville, l'autre sur la campagne. Nous logeons, mon adjudant et moi, dans une casemate d'encoignure, sans fenêtre, sur la cour; nous recevons l'air et la lumière par une lucarne percée dans le rempart; pendant le jour, on ne voit pas clair, et la nuit on gèle. Je vous écris sur un tambour tunisien que j'ai trouvé sous le lit de camp, mais comme la peau est détendue, que les vis de serrage sont absentes, ne vous étonnez pas si ma lettre manque d'harmonie. Mes baisers n'en seront pas moins chauds et pleins d'amour; quand vous les donnerai-je pour de bon?

Kairouan, le 18 novembre.

Je rentre de l'Ouëd-Bagla — rien de nouveau, si ce n'est la boue, et quelle boue — figurez-vous du mastic — ça colle et ça tache — non seulement, dirait l'Auvergnat « cha tient de la plache, mais c'est joliment châle ».

Le ministre Farre nous fait promettre des sabots, ils arriveront à pic... s'ils arrivent. — Le froid s'accentue. Chaque nuit, il faut se couvrir comme en France; dans le jour, quand il ne pleut pas, il fait encore près de 28 à 30° de chaleur. — Je lis dans les journaux que nous sommes pourvus d'effets neufs : pour ma part, c'est faux, j'ai un pantalon d'ordonnance qui est dû, en termes administratifs, et il y a deux mois que l'État aurait dû m'en fournir un. Comme il n'y a pas d'effets d'habillement de rechange ici, mon pantalon rouge fait songer à ceux des volontaires de Sambre-et-Meuse. Avec la tunique déboutonnée, la ceinture bleue autour du corps et le casque indien sur la tête, nous ne ressemblons guère aux tourlourous de Guingamp.....

L'ennui, le mortel ennui, nous guette et parfois s'empare de nous. Pour lutter contre lui, le soir on se réunit, on lit le *Figaro* ou le *Petit Journal* à haute voix, mais les journées sont longues. J'ai trouvé au fond de ma caisse de comptabilité *Les Chants du Soldat* de Déroulède, je les apprends, ma cervelle s'occupe, du moins. Je n'ai encore pu voir notre bon aumônier, l'abbé Eysseric, qui fait la navette entre les hôpitaux de Sousse et de Kairouan. Je n'ai pas revu non plus le colonel Moulin, quoiqu'il m'y ait invité. Je n'ose le déranger. En effet, quoique peu timide, je sens une telle différence entre le sergent-major et l'officier, que mon respect est illimité, absolu, exagéré, diront quelques-uns. Et, au contraire de certains, qui cherchent à frayer avec les officiers, je me tiens à ma place, sans parti pris, ni morgue, mais comme je le dois; et je ne sais pas si, en somme, ce n'est pas le meilleur moyen de se faire remarquer. En tout cas, c'est le plus simple.

Kairouan, le 22 novembre.

Nous voilà sans nouvelles de France depuis quelques jours, et nous ne sommes pas près d'en recevoir. En effet, un paquebot a sombré, paraît-il, et un transport est ensablé à La Goulette, il faudra attendre le transbordement.

Le général Forgemol a fait à Djilma, à mi-route de Kairouan et de Gafsa, une razzia magnifique sur les tribus dissidentes fuyant à l'approche de sa colonne : les tentes, quinze mille moutons, mille chevaux et chameaux. La cavalerie aurait fait un raid de soixante-dix kilomètres pour obtenir ce brillant résultat. Il y a eu un engagement sérieux : « Nos pertes sont insignifiantes, celles des Arabes considérables, » c'est la fin de la dépêche officielle (air connu).

Ces jours-ci, j'ai été de garde à la porte de Tunis. On nous fait faire tous les métiers, à nous autres sergents-majors, alors qu'il y a pourtant assez d'officiers et d'adjudants pour assurer le service de la place. Mais *il est avec le Ciel des accommodements*, quand il s'agit de se débarrasser des corvées sur les petits. Ceci dit sans la moindre amertume, car cette journée de garde m'a beaucoup amusé.

La porte de Tunis, au contraire de celle de Sousse, est la plus fréquentée de Kairouan. C'est un long bazar voûté, coupé en deux par une cour intérieure et fermé aux deux extrémités par de grandes portes de bois, avec énormes serrures, clefs gigantesques, barres de fer, etc... Aux heures de l'après-midi, c'est un défilé incessant de gens de tous âges et de tous rangs, mais du même sexe, par exemple, le sexe laid. Riches bourgeois aux gandourahs de soie rouge, bleue, rose, saumon, violette, aux burnous de fine laine, aux bas blancs bien tirés, aux souliers vernis ou de beau cuir rouge brodé, à la calotte de velours ceinte du turban de soie tissée d'or, causant gravement entre eux, tout en s'offrant des prises de tabac fin et parfumé en des boîtes d'or ou d'argent. Soldats du bey, veste et pantalon noir trop court, aux soutaches de cordonnet rouge, sans armes, la figure triste sous la chechia à la plaque beylicale, revenant de toucher leur maigre ration de pain d'orge et d'huile... ouvriers nègres, géants noirs en cotillons bleus et turbans verts, marchands ambulants, petits bourgeois, mendiants, la foule, enfin, des obscurs, des inconnus, la foule habillée tout de blanc, rien que de blanc, aux tons jaunes, sales, poussiéreux, faisant ressortir en brun plus vif le visage, les mains, les jambes. Tout cela très grouillant, remuant, gesticulant, parlant fort, allant venant, sortant, tant que le soleil est sur l'horizon.....

Lui couché, la nuit venue, tout rentre, tout disparaît, tout devient noir; de loin en loin, passent encore, mais silencieux et précédés de lanternes, des hommes qui semblent aller à quelque mystérieux rendez-vous; puis, peu à peu, les bruits s'éteignent ainsi que les rares lumières, et la nuit n'est plus troublée que par les hurlements des chiens que la lune pâle énerve dans les cours où ils veillent.

Du côté des faubourgs, où sont les maisons de jeu et de joie, la brise apporte des chants étranges, des sons de guzlas, de flûtes, de tambourins, parfois aussi des cris, tout cela très fondu, très éteint, très doux.

A l'aube tout change.

Le muezzin de la grande mosquée de la dernière plate-forme du minaret lance l'appel à la prière d'une voix perçante, en prolongeant le son longuement, longuement..... Alors, comme aux douces villes de France, le bourdon d'une cathédrale sonnant l'*Angelus* semble mettre en branle les cloches de toutes les églises et les sonneries de toutes les horloges; les muezzins montent aux minarets des cent mosquées de Kairouan et chantent ensemble l'appel aux croyants; grand concert de voix plein de grandeur en son élan de foi vers Dieu, et qu'illumine superbement le soleil qui se lève, solennel, radieux et chaud, dans l'orient empourpré. La ville s'éveille, l'auvent des boutiques s'abat, calme, le marchand sort tel qu'il s'est couché le soir et s'asseoit, les jambes croisées, à la place qu'il occupait la veille; de toutes les ruelles, les Arabes débouchent, tous blancs, toujours; les uns s'arrêtent aux marchands de café et le boivent brûlant en leurs minuscules tassettes, d'autres se précipitent, silencieux, aux mosquées, aux hammams...; mais au contraire de la bruyante après-midi, ils marchent sans bruit, doucement, comme endormis encore, dans une brume bleutée qui flotte très légère à hauteur des terrasses et que le soleil va bientôt absorber..... J'ouvre alors les grandes portes de la ville, et sous les voûtes s'engouffrent des milliers de bourriquots avec leurs conducteurs en chemises courtes de toutes couleurs, gens des douars et des faubourgs, envahissant la ville avec leurs chargements de viande flasque, filandreuse, noirâtre : du chameau ; de viande maigre, soufflée en graisse pâle, sans chair : de la chèvre. Bourdonnant, un nuage de mouches entourent ce cortège d'abattoirs ; puis ce sont des fruits, des légumes aux tons éclatants, trop verts, trop rouges, trop jaunes ; melons, pastèques, tomates, radis géants ; du bois à brûler en longs fagots secs ; des poteries de terre vernissée où le soleil met un incendie ; des ballots de tapis, de burnous, de lainages tissés sous la tente, au désert, et aussi de l'eau, de l'eau fraîche, venant des puits ou des citernes extérieures dans de vastes gargoulettes bouchées d'alfa qu'ils portent en des couffins de sparterie.

L'âne sert à tout ici ; c'est bien le chameau des villes.

Bonne et brave petite bête, qui trotte menu de ses fins sabots ; toujours battue, toujours contente pourtant, comme la femme de Sganarelle, n'ayant d'autre satisfaction en ce monde que d'être utile sans le savoir. Bonne et brave petite bête, salut !

Kairouan, le 26 novembre.

Les deux bataillons du 116ᵉ et du 66ᵉ, partis avec le colonel Moulin pour l'Enfida, sont revenus sans avoir rencontré un seul dissident. Ils ont razzié un millier de chèvres et autant de brebis et moutons. Toutes ces bêtes, grandes et petites, sont parquées sous les murs de la Casbah, où pousse au pied des remparts une petite herbe maigre et grise; elles font un concert de bêlements aussi peu varié que désagréable. On a trouvé aussi des silos pleins d'une quantité considérable de grains. La compagnie franche, escortant 40 voitures, 20 prolonges et 150 mulets, est allée dès ce matin enlever ces grains pour le compte de l'Intendance.

Un tas de bruits contradictoires circule sur notre avenir. Rapatriement à bref délai; départ de Kairouan pour le sud; formation d'un 20ᵉ corps; transformation de l'infanterie en zouaves, etc., etc.... En attendant, nous montons la garde, faisons l'exercice, réglons la comptabilité, construisons des forts, en un mot, agissons et laissons dire. Ah! une demande : je te serais reconnaissant de m'adresser un flacon d'eau de Lubin. Sybarite, vas-tu dire! Sybarite, soit, mais j'aurais une vraie joie à voir en la gamelle, qui me sert de cuvette, le joli nuage opalisé et parfumé, iriser l'eau du puits de la Casbah et embaumer ma casemate.

Kairouan, le 2 décembre.

Je crois bien que je me servirai de mon eau de Lubin en janvier seulement, ou bien à Pâques, ou bien encore à la Trinité; en effet, nous partons après demain en colonne pour un mois. Notre mois de décembre va être bien rempli. Adieu ma petite installation Kairouannaise, adieu mon lit (??) ma table, les bons petits plats de mon maître-coq; adieu vieille Casbah qui nous a été douce et clémente... et maintenant, à nous la terre humide et boueuse, l'eau saumâtre, la soupe problématique, pâle bouillon où nagent quelques grains de riz et un petit morceau de viande fatiguée et blanche, la tente, abri dérisoire que l'eau traverse et que la chaleur emplit.

Pour débuter, nous aurons a faire dix kilomètres dans les marais qui entourent Kairouan, avec de la boue jusqu'aux genoux, sur le sol gluant que nous trouvions craquelé et chaud il y a deux mois et que nous allons trouver trop froid à présent. On n'est jamais content. Enfin, plus nous souffrirons ici, plus la joie du retour sera grande ; et puis enfin nous souffrons pour cette chose bénie et sainte qu'on appelle le Pays, afin de le doter d'une belle et riche colonie, et on devient heureux en pensant qu'on coopère au bien général en souffrant et en agissant, chacun en sa sphère, si modeste et si minime qu'elle soit.

De sale qu'elle était en été notre ville sainte est devenue dégoûtante. Aussi malgré les efforts comiques de deux pauvres arabes qui s'efforcent d'enlever la boue avec leurs mains en en chargeant un petit bourriquot, Kairouan aura bientôt sa figure d'hiver. Ce ne sera plus qu'un gigantesque cloaque.

Kairouan, le 5 décembre.

La sortie est contremandée au moins jusqu'à demain, en raison du mauvais temps. Nos expéditions ont un caractère particulier. Nous allons à deux bataillons d'Infanterie, un escadron de cavalerie, une batterie d'artillerie et deux ou trois cents voitures, mulets ou chameaux, non pour nous battre, mais pour recevoir les soumissions des tribus dissidentes ou seulement neutres lors de nos luttes si vives du premier mois de l'occupation. Il y eut un moment à Sousse où notre position fut loin d'être gaie. Surtout après l'affaire de M'ssaken. La brigade campée tout entière sur l'esplanade, avait ses avant-postes attaqués chaque nuit, plusieurs milliers d'arabes nous cernaient, se préparant à nous couper la route de Kairouan. Or, un jour nous avons la chance de tuer un grand chef, Ali-ben-Amar. Terrorisés, tous se dispersent, abandonnant la lutte. Le 25 octobre, ils étaient à Kairouan et enterraient en grande pompe le chef mort. Le 26, nous entrions à notre tour dans la ville sainte et plus personne. Aussi maintenant nous sommes à leur recherche. Chaque bataillon marche à son tour pour faire connaissance de ces bandits, leur enlever leurs armes de guerre, les frapper de fortes amendes en argent et en nature.

Ce sont de simples expéditions de police très intéressantes pour nos officiers qui ont des rapports avec les indigènes, et font une vraie promenade d'amateurs. Mais pour nous, le coup de feu serait préférable, on oublie la fatigue et l'ennemi, lorsque le danger est là, qu'on peut donner la mort ou la recevoir, qu'on peut enfin récolter avancement ou médaille. Tandis qu'à présent, si nous n'avons rien à perdre, nous n'avons rien à gagner. Ah! si, des rhumatismes et des angines.

L'ordre est arrivé, nous partons demain à dix heures du matin.

CHAPITRE III

EN COLONNE

Camp de Sidi-el-Hani, 12 décembre.

Enfin le marais est traversé, le fameux marais de Kairouan. Les troupiers ont retiré leurs souliers et fait l'étape pieds nus, le pantalon retroussé jusqu'aux genoux, pataugeant dans l'eau boueuse à fond de vase gluante, nous avons mis six heures pour faire douze kilomètres. Nous campons demain à Knaïs, et vous pouvez facilement suivre notre route de Kairouan à El-Djem en passant par le nord de la Sebka-Sidi-el-Hani.

Cet endroit que nous avons traversé il y a deux mois en venant de Sousse est aujourd'hui méconnaissable. Les artilleurs ont installé leur campement et une redoute, sur le mont couvert autrefois de figuiers de Barbarie. Sur le plateau regardant Sousse, l'infanterie campe sous la grande tente, le chemin de fer Decauville vient jusqu'au camp, et aussi le télégraphe, dont on entend la joyeuse et claire petite sonnerie d'appel. Un bruit de France, régal pour l'oreille.

Couchons-nous vite et dormons, car demain à cinq heures, debout.

Knaïs, le 13 décembre.

Je n'ai le temps et la force que de vous envoyer de chaque étape un petit bulletin. Ce n'est pas, hélas! un bulletin de victoires. Pour annoncer des victoires, il faut des ennemis. Et tout le pays est ami! ami! — Nous voilà de nouveau en plein Sahel. — Nous campons dans une plaine, doucement ouatée d'herbe et entourée d'oliviers et de citronniers. Un village tout blanc est à notre droite, sur les terrasses sèchent de grandes étoffes rouges et bleues qui lui font sans le savoir, un pavois tricolore d'une note gaie et vivante. Les Arabes, heureux de nous avoir, nous apportent des fruits et des légumes frais, de longs et minces radis roses, à la chair blanche, fine et croquante, font nos délices. Nous partons demain pour Bir-Medjeur, les épaules et les pieds sont écorchés, mais ça va toujours. En avant!

Kerker, 15 décembre.

Les jours se suivent et ne se ressemblent pas. C'est vrai, partout et surtout en Afrique, en hiver. Hier, nous avons couché à Bir-Medjeur, puits isolé au milieu d'une grande plaine de terre rouge pierreuse sans végétation, après une marche pénible sous la pluie. Plus d'oliviers, plus de palmiers, rien qu'une ondulation de collines, avec un sol gluant et la pluie mettant ses hachures grisailles, sur un ciel très bas. On ne chante pas, tout est triste. C'est sous la pluie qui ne cesse de tomber que nous dressons nos tentes; au fond d'un couffin, je trouve un peu de paille hachée et mon ordonnance l'étend sur le sol pour éviter le contact direct avec la boue, par-dessus, nos couvertures.

Les ordres pris et communiqués, n'étant pas de service, mon adjudant et moi, nous nous glissons sous notre petit abri. Il était quatre heures. Jusqu'à trois heures du matin, pendant onze mortelles heures, la pluie n'a pas cessé, accompagnée de tonnerre et d'éclairs; brochant sur le tout, un vent à décorner les bœufs souffle avec rage, comme dirait La Fontaine. La petite tente, solidement fixée, a bien résisté. Mais la pluie a fini par la traverser tombant goutte à goutte d'abord, l'eau, peu à peu, nous a envahis, mouillant notre pauvre et mince bagage. Et malgré tout, nous étions gais, nous plaisantions, nous éclations même de rire... Pourquoi cette gaîté en dépit du vent, du froid, de la pluie? C'est que d'abord nous sommes Français, et puisque le... courrier était arrivé. En effet, vers sept heures du soir nous avions entendu la joyeuse sonnerie : *sergents aux lettres*, saluée par des cris de joie sous toutes les tentes... et quelques instants après, attendant anxieux près de notre pâle lanterne nous vîmes apparaître, par un coin de la tente, la tête barbue du sergent Mouchel, ruisselante d'eau, me disant : « Tenez, major, voilà de quoi vous distraire ! » C'étaient mes lettres de France et mes journaux !

Et jusqu'à l'extinction des feux, sous la pluie battant la charge sur la toile tendue de la tente, j'ai lu et relu mes chères lettres, et vécu la vie de Paris avec mes journaux. Et grâce à elles! grâce à eux, nous avons trouvé succulente la boîte de viande de conserve arrosée d'un gobelet d'eau-de-vie; le plat de la maison, spécialité recommandée aux gourmets.

Au réveil, de la pluie, il ne restait comme trace, que nos toiles de tentes mouillées et raidies, qui vinrent surcharger nos sacs déjà si lourds. Mais le ciel nettoyé était d'un joli bleu léger et le soleil clair brillait, très chaud.

L'étape se fit en chantant, et c'est d'une petite oasis fraîche, où coulent de jolis ruisseaux, que je vous écris aujourd'hui. Demain, nous serons à El-Djem.

El-Djem, 17 décembre.

Nous campons sur un monticule de pierres où les traces de ruines romaines sont visibles. Au nord-est le village d'El-Djem, entièrement bâti avec les pierres du Colysée qui se dresse immense au milieu des basses maisons arabes. Tout autour formant aux pierres un écrin velouté vert, les arbres très feuillus de l'oasis. Et cela vous a un petit air réjouissant d'Arles ou de Nîmes, vues de loin, de la campagne, des Baux ou de la Tour Magne. L'étape a été dure de Kerker à El-Djem, vingt-cinq kilomètres. Heureusement, ni soleil, ni pluie, un temps gris, un peu bas. De très loin, la masse claire du Colysée nous apparut et encouragea la marche. Arrivés à un kilomètre de l'oasis, nous entendons de la musique et des chants — puis nous voyons tout un cortège d'arabes à cheval et à pied, escortant le caïd et de grands étendards qui flottent — c'est très Benjamin Constant...

Nous nous arrêtons, le commandant Pédoya reçoit les félicitations des notables qui prennent la tête de colonne. Les clairons sonnent et, précédés du tintamarre arabe, l'arme sur l'épaule droite, nous entrons au pas accéléré, au grand étonnement de toute la population qui nous regarde, par prudence, du haut des terrasses. Les femmes nous saluent de hou! hou! prolongés. Le soir, une diffah est offerte aux officiers. On nous distribue du kouskoussou très fin, ma foi et très succulent. Que voilà de charmantes gens! Pour me reposer j'ai été de grand'garde avec ma section. Nuit calme, très douce, sous un ciel sans lune, très étoilé.

Le Colysée est bâti en pierres superbes qui ont défié le temps et sur lesquelles ont dû s'user les colères destructives des envahisseurs et des conquérants successifs de ce beau pays. Les gradins ont entièrement disparu. Seule, la carcasse avec ses quatre étages d'arceaux se dresse, fière couronne de géant. De débris en débris, nous accrochant aux pierres en saillie, nous arrivons au sommet mon adjudant et moi, le panorama est superbe; large, vaste horizon, régulier, trop régulier même ; à l'est une longue ligne bleue très sombre se détache, c'est la mer. La mer! et nous restons longtemps à la regarder et à penser. Au retour, des Arabes nous offrent des petites médailles, des morceaux de bronze, des piécettes de monnaie aux effigies romaines, des pierres sculptées, même de grossiers camées. Nous emportons ces souvenirs.

Kasr-el-Maïder, 25 décembre.

Après être restés trois jours à El-Djem, nous rentrons à Kairouan par une route plus longue, en faisant un crochet vers le sud. Il fallait trouver une tribu très nombreuse, très riche, qui jusque là n'avait pas voulu demander l'aman. Nous avons réussi et l'avons bloquée ici près des ruines romaines et d'un puits à l'eau douce, assez claire. Bien entendu, tout le monde s'est soumis. Les officiers s'occupent des conditions et des formalités de l'aman avec les chefs arabes. Nous nous installons. Aujourd'hui, c'est la Noël et cette nuit il y a eu réveillon ! Ah ! il a été maigre le réveillon. Un vent épouvantable avait empêché d'allumer les feux. Nous avons soupé froid : une boîte de sardines, du fromage, et de la fine champagne Grévy (cognac d'administration, comme il n'y a de vin que pour les officiers, la troupe a double ration d'eau-de-vie). Pas de sucre, la pluie d'hier l'a fait fondre, dit le sous-officier des riz-pain-sel, qui a reçu à ce sujet une enlevée en règle du commandant. Seulement pour célébrer la Noël, nous avons mangé tous ensemble les sous-officiers, Le Meur et moi. Nous avons assaisonné le tout de chansons de France. A dix heures du soir, au moment où le clairon lançait les fines notes de l'extinction des feux en fanfare, nous avons regagné notre petite tente, et nous nous sommes endormis roulés en nos burnous de laine en fredonnant le Noël d'Adam, tandis que le vent soufflait, qu'un cheval détaché du piquet galopait à travers les tentes, et que les chiens du campement arabe aboyaient à la lune longuement.

> Minuit, chrétiens, c'est l'heure solennelle
> Où l'homme-Dieu descendit jusqu'à nous!
> . . . .

Kairouan, le 2 janvier 1882.

La nouvelle année a commencé triste, avec un ciel tout gris, de l'eau en cascade toute la journée et la boue épaisse, dont je vous parle si souvent, ouatant les rues. Malgré ce temps abominable, tout le monde est dehors, remplissant les cafés, les cabarets, les boutiques de mercantis, buvant, buvant encore, buvant toujours. Sale et triste.

Une seule chose rappelle Paris, les oranges, il y en a partout, partout; aussi nos soldats se régalent et font marcher les affaires des petits arabes qui circulent avec des couffins remplis du fruit tout en or.

J'ai voulu que le premier jour de l'an vous receviez mes vœux le jour même, et c'est pourquoi je vous ai envoyé ma dépêche. Une dépêche de Kairouan. C'est pour rien, deux sous le mot. Ah! que ne suis-je à la place d'un de ces petits mots qui, après avoir couru tout le long du fil de Kairouan à Sousse, puis de Sousse à Tunis à travers le Zaghouan, et de Tunis à Alger, va traverser l'eau bleue, aborder à Marseille et filer vite, vite, vite... le long des vallées du Rhône, de la Saône, de la Seine et vous arriver à Fontenay après avoir fait ses trois mille petits kilomètres. Tout ça pour deux sous.

J'ai été moi-même porter la lettre de notre bon oncle le colonel Chauchard au général Étienne, son camarade de promotion, en son palais de Dar-el-Bey. Le général n'est pas mieux installé que nous à la Casbah, dans cette maison arabe au nom pompeux. Quelques couvertures indigènes comme portières ou comme tapis; dans la cour intérieure une vasque de marbre où coule un mince filet d'eau, tout autour des carreaux de poterie vernissée verts et bleus, voilà tout le luxe. Je suis reçu très aimablement par l'officier d'ordonnance, à qui je remets ma lettre. Quelques instants après paraît le général, ma lettre décachetée à la main, je prends la position militaire et je salue, le général est en bottes, culotte rouge; veston de flanelle blanche, aux manches étoilées d'argent, tête nue : « Ah! « vous connaissez Chauchard, qu'est-ce qu'il « fait? il va bien? et sa belle-mère de La Va-« lette? et ses enfants? » — Je réponds en quelques mots, la conversation tombe. — J'attends, toujours dans la position réglementaire. Le général reprend : « Vous vous appelez « Céalis? »

Moi. — Oui, mon général.

Le Général. — Vous êtes sergent-major?

Moi. — Oui, mon général.

Le Général. — Vous voulez entrer à Saint-Maixent?

Moi. — Oui, mon général.

Le Général. — Eh! bien, continuez, mon ami, (j'eus une forte envie de rire en me rappelant malgré moi, le *continuez*, du maréchal au nègre de Saint-Cyr), continuez à vous bien conduire, on est très content de vous, je vous donnerai un bon coup d'épaule. »

Et je partis content, dans l'armée on se contente de peu. Ceci se passait il y a quatre jours.

Hier, 1ᵉʳ janvier, après avoir reçu les souhaits des sous-officiers, le commandant Pédoya m'a fait rester, et m'a dit qu'il avait reçu l'ordre de faire des propositions pour Saint-Maixent; que j'étais proposé par lui, et que si le général Etienne approuvait cette proposition (j'ai tout de suite pensé au coup d'épaule promis) puis, que si le général Logerot la ratifiait et qu'enfin si le général Saussier qui seul dispose d'un certain nombre de places, me désignait, c'était une affaire faite. J'ai remercié le commandant de ses bonnes dispositions à mon égard, mais avec peu d'espoir, car j'ai peu de droits — puisqu'il y a au bataillon trois sergents-majors plus anciens que moi, — et puis, je vous le dis tout bas : il y a trop de généraux dans mon affaire.

Nous sommes de nouveaux habitants de la

Casbah. Nos derniers jours de route en quittant Kasr-el-Maïder ont été très durs, nous avons eu surtout à traverser par une pluie torrentielle une sebkah d'une dizaine de kilomètres de large avec de l'eau salée jusqu'au genoux, et sous les pieds un sol fuyant tantôt de vase gluante, tantôt de sable mouvant. La nuit qui a suivi n'a pas été drôle, non plus, et le lendemain nos pauvres godillots baillaient et riaient à qui mieux mieux et en tous cas plus que nous.

Quand cette lettre vous arrivera-t-elle? Je l'ignore, les communications avec Sousse sont interrompues à cause du marais, de nouveau impraticable, nous voilà isolés, grande île blanche au milieu d'un lac de plusieurs lieues.

Kairouan, le 7 janvier.

Ah! comme je préférerais la neige au temps que nous avons. Le bois de Vincennes doit être bien joli maintenant sous sa parure d'hiver quand le gros soleil rouge des beaux jours se lève derrière les grands chênes dépouillés et teint de rose leur robe d'argent. Et le soir comme il fait bon en ces temps de froidure, autour de la table de famille, au linge bien blanc, aux vieilles argenteries, aux cristaux étincelants, sous la lumière chaude de la lampe devant le feu de bois sec. qui flambe haut et clair dans la vaste cheminée, tandis qu'au dehors la neige paraît, teintée de bleu pâle, sous la lune brillant très froide dans le ciel noir piqué de clous d'or. En hiver, on aime encore mieux la famille. On a besoin du coin du feu pour se chauffer, pour aimer, pour vivre.

Ici la pluie a un peu cessé et c'est le vent qui règne en maître, soufflant et ronflant, ployant la tête chevelue des palmiers, brisant les oliviers, courbant les tamaris, renversant à grand fracas le campanile des minarets, et nous gelant enfin nous autres pauvres soldats qui sommes partis équipés pour l'Équateur et qui trouvons le Pôle. Par ces temps froids, les Kairouannais ressemblent à de gros ballots de laine blanche avec en haut deux trous noirs : les yeux, et en bas deux bouts jaunes : les babouches.

Je vous ai bien souvent parlé de mes travaux, de mes fatigues, voici maintenant quelques croquis de nos distractions, de nos joies. En revenant du rapport le matin, vers huit heures et demie, nous descendons la rue du général Saussier qui remplace ici les grands boulevards et la rue de Rivoli. C'est l'artère centrale coupant la ville dans toute sa largeur. C'est la rue des palais, des cafés, des bains maures, des souques, des marchands de comestibles de toutes sortes. Voici le marchand de crêpes : un trou noir, une échoppe dallée, à un mètre du sol, de carrés de faïence bleue, — au fond un tuyau blanc — sur le fourneau rouge de braise, un chaudron plein d'huile bouillante ; assis sur les talons, un nègre pétrit de la pâte, puis l'étend d'un seul coup, en faisant d'une boule une large et mince galette qu'il plonge dans l'huile, la pâte se transforme en une fine crêpe-beignet toute dorée ; un autre nègre, armé d'une espèce de broche, retourne la crêpe et la sort lorsqu'elle est cuite à point. On paie ça un sou et c'est parfait. Là, j'ai une amie, onze ans, petite, maigrelette, chair mate patinée par le soleil, yeux noirs brillants soulignés de kohl, très profonds aussi ; des cheveux longs, un peu crépelés, noirs, que des piécettes de monnaie unies par un fil rouge étoilent d'argent. Elle est vêtue d'une loque de toile bleue retenue sur les épaules par une longue épingle de métal brillant, un morceau de mousseline noire couvre la tête, estompant les traits et les affinant.

Il y a huit jours, en venant manger la crêpe traditionnelle avec mes trois collègues, je la vis là, debout, nous regardant dévorer, étonnée de nous voir, prodigues, manger chacun pour un sou du succulent gâteau. Je m'approchai, mais la pudeur mahométane lui fit se couvrir la figure avec les mains. Je m'éloignai, puis revins, et cette fois avec une crêpe à la main. Ses yeux m'exprimèrent sa reconnaissance, et lentement sans me quitter de son regard si profond, elle mangea, déchirant sa crêpe du bout de ses petites dents de sauvageonne, très blanches et très aiguës.

Le lendemain, elle était là, et tous les jours, elle vient à l'heure du beignet. Elle n'a pas dit encore une parole, mais ses yeux sont si éloquents lorsque je lui donne son gâteau quotidien, elle met si gentiment sa main sur son cœur que je la tiens bien quitte de tout discours. Qui est-elle? d'où vient-elle? que fait-elle? nous ne cherchons pas à le savoir, nous l'appelons Fatma, et son regard, très femme déjà et très exquis en sa tristesse résignée, nous suffit; après l'idylle à la crêpe, voici les souques, lisez bazars. Une voûte très longue où viennent aboutir perpendiculairement d'autres avenues couvertes. C'est le centre de tout le mouvement industriel et commercial de la ville.

Dans l'allée centrale, voici les cordonniers. Tous fabriquent et vendent le même article, des babouches en cuir teint, soit en jaune citron, soit en rouge, à semelle épaisse, inusable, sans talon et qu'on porte en savate. Les musulmans retirant leurs chaussures aussi facilement que nous nos chapeaux, c'est très pratique. Dans la première galerie de gauche sont les brodeurs sur cuir, qui font, sous les yeux des acheteurs, en leurs cases de briques, assis sur des nattes claires, leurs fines broderies d'or, d'argent et de soies de couleur sur des babouches, des bourses, des gibernes, sacoches, poires à poudre, poches à balles, etc., etc.

Dans la seconde galerie se trouvent les pharmaciens. Toutes les boutiques aussi sont pareilles. Sur la devanture, des bassins de cuivre ou de bronze pleins de savons, de sachets minuscules, d'herbages, de fleurs séchées, ou de fioles en cristal épais, renfermant de minces filets huileux, essences de menthe ou de roses. Au fond de la boutique, le patron vieux et grave personnage, œil atone, barbe blanche, turban irréprochable, assis sur des coussins, laissant couler entre ses doigts très longs les grains d'ambre d'un chapelet, répond d'une voix grave et calme aux cadesche (combien) des acheteurs. Bien des fois, nous nous plaisons à demander le prix d'un tas d'objets, puis quand tout est bouleversé, nous lançons un dédaigneux : *macach!* au marchand stupéfait et très majestueux nous partons riant de la mine déconfite du vieux qui ronchonne en sa barbe.

Dans les galeries de droite, c'est un bruit assourdissant de marteau frappant le métal. C'est là que se fabriquent au martelage tous les objets de métal, depuis les bassins de cuivre jaune ou rouge, jusqu'aux bijoux de femme, en or ou en argent, en passant par de très jolis services à boire, gobelets, aiguières aux formes élégantes, flacons de toutes sortes, plateaux, etc.

Plus loin, ce sont les étoffes, les fines soies lamées, les burnous de laine, les gandourahs de toutes couleurs depuis le beige très foncé des gens du peuple jusqu'aux vert et au rose éteint de l'aristocratie, et les couvertures multicolores tissées sous les tentes et les fins tapis d'Orient qu'apportent les caravanes. Au milieu des acheteurs et très achalandés circulent les jeunes garçons de cafés maures en fez rouge, courte veste bleue, large pantalon blanc, portant les petites tasses et les minuscules casseroles de fer blanc pleines de café tout sucré, où la fine farine parfumée a bouilli, et qui va être bu tout brûlant. Les marchands de limonade offrant, plongées en des récipients de fer blanc remplis de glace pilée, des limonades au sirop opalisé et de fraîches boissons aux citrons, aux oranges, à la menthe... et les marchands de bonbons, de nougats, de confitures, de crêpes — de quoi faire là, en pleine rue, tout un repas de harem. — Sous les voûtes, l'atmosphère est lourde, saturée d'odeurs de cuir, de benjoin, de métal, d'encens, de tabac et de verveine... qui, se mêlant, se combinant, forme ce délicieux et très spécial parfum d'Orient... d'une griserie alanguissante qui séduit, charme et finirait par endormir...

El-Djem, 15 janvier 1882.

Nous sommes encore en route. Le 11, à dix heures du soir, l'ordre est arrivé à Kairouan d'aller rejoindre le général Logerot, qui arrive de Gabès avec sa division. Le lendemain, 12, à huit heures, nous partions sans convoi, avec nos vivres sur le sac, et refaisions en trois étapes la longue route de Kairouan à El-Djem. Là, nous avons trouvé, d'abord le Colysée toujours à la même place, puis toute l'armée du Sud qui va, dit-on, rentrer en France par Sfax. Nous, nous retournerons camper aux environs de... Kairouan. Je ne sais pas ce que nous sommes venus faire ici. Notre colonel a longuement causé ce matin, en se promenant sur le front de bandière, avec le général Logerot, qui n'a pas l'air commode (entre parenthèses) — maigre, pâle, la moustache et la barbiche blanches, tenue irréprochablement réglementaire depuis les bottes jusqu'au képi. Ce qu'ils se sont dit devait être fort intéressant; le résultat pour nous tous est le suivant : La division Logerot part demain pour Sfax; nous, nous attendrons deux jours encore et reviendrons par Sidi-Nasseur, Bir-Cedof et Sidi-el-Hani.

Au moment où je vous écris, on nous apporte de la paille de couchage! Dieu soit loué! C'est une nuit chaude en perspective. Je regarde cette paille; c'est une sorte de hachis de poussière sale — et les puces doivent s'en donner la-dedans à cœur joie. Tant mieux pour elles! Tant pis pour nous! — comme dit la chanson.

CHAPITRE IV

SIDI-EL-HANI

Camp de Sidi-el-Hani, le 3 février.

Ainsi que je l'avais prévu, nous ne sommes même pas rentrés à Kairouan. On nous a arrêtés en route. Le bataillon de chasseurs qui campait ici va à Kairouan à notre place, et nous, nous sommes restés à Sidi-el-Hani, qui est en somme une vieille connaissance. Il y a une station du chemin de fer Decauville qui relie Kairouan à la mer, un bureau de poste, tenu par l'adjudant vaguemestre, et le télégraphe : nous voilà donc, quand nous le voudrons, en communication directe. Nous campons sous la tente conique à seize hommes. On peut enfin se tenir debout, — du luxe, quoi! — J'en occupe une avec mes sous-officiers, et j'ai promesse d'une tente seule pour l'adjudant et moi; alors ce sera royal.

De Sousse à Kairouan, il y a trois étapes, qui sont devenues trois stations avec fortin occupé par un détachement des trois armes: infanterie, artillerie, train des équipages pour les relais du Decauville. De cette façon, les communications avec la mer sont assurées. C'est d'abord le camp de l'Ouëd-Laya, puis Sidi-el-Hani, enfin Kairouan.

Lorsque nous passâmes ici il y a quatre mois, cet emplacement fut très remarqué par nos chefs. Au centre d'une vaste prairie toujours verte, encadrée au sud par un grand lac salé, au nord par les collines du Sahel, s'élève un fort monticule, couvert de cactus géants dont les raquettes immenses, hérissées d'épines longues comme des aiguilles, opposent une barrière impénétrable. Sur le plateau, trois coupoles blanches. C'est là que sont enterrés les restes vénérés du grand Sidi-el-Hani. Autour des trois marabouts, les tombes fort nombreuses de ceux qui, dans les temps anciens, ont voulu abriter leurs corps à l'ombre du sanctuaire dédié au saint. Au pied de la butte, deux puits peu profonds, donnant une eau fraîche, très pure, très abondante.

La butte est toujours là avec ses cactus; les mêmes coupoles se détachent toujours blanches sur le ciel bleu. De loin, l'aspect est toujours le même; en approchant, tout est changé. Une simple ceinture de cactus, seule existe encore. Tous les figuiers de l'intérieur sont rasés; le sol a été défoncé, aplani, et dans cette forteresse toute verte campent les hussards et les artilleurs. Les gueules des canons sortent noires des embrasures et des créneaux de feuilles. Au sommet, flotte à un mât le drapeau tricolore. Sur le versant, du côté de Sousse, est le campement de l'infanterie qui a dressé son camp au milieu du cimetière. Sous les tentes, les tombes servent le jour de table, la nuit de lit pour les paillasses d'alfa. La large et épaisse feuille du cactus, dépouillée de ses épines, fait tous les frais de l'installation des troupes. On a construit avec elle des lits, des tables, des bancs, des tabourets, des cuisines, des maisonnettes, des écuries, des guérites, et aux avant-postes, des abris de tirailleurs. C'est le triomphe, l'apothéose de la plante grasse.

Oui, tout est changé. Mais aussi toute poésie naturelle a disparu, et l'Arabe qui vient du désert pour prier aux saints tombeaux trouve la porte brisée; des tonneaux, des caisses, des sacs encombrent le sanctuaire. Sur la route, lentement tracée pendant des siècles par les pas lourds du chameau des caravanes, il voit avec effarement courir, sur de longues tiges de fer rouge, de laides voitures aux formes étranges; il voit, au-dessus de sa tête, un fil interminable soutenu, de distance en distance, par d'affreux poteaux écorchés, et il se demande comment Allah et le prophète peuvent permettre ainsi la profanation de la terre elle-même, de l'immuable terre d'Orient.

Le jour, la plaine est couverte de troupeaux

de moutons qui paissent libres, seuls, sans berger; le soir, des cavaliers paraissent, tournent les troupeaux et les ramènent aux douars dont on aperçoit au loin les tentes.

Quand la nuit est tombée, le camp s'allume et se remplit des bruits du repos. On chante les vieux refrains du pays, on parcourt le petit marché, où sont établis les mercantis, qui vendent de tout, depuis des pommes de terre aux ordinaires des compagnies jusqu'au Pernod et au Noilly-Prat; on prend l'air en causant sur le front de bandière.

La retraite sonne, les bruits diminuent peu à peu, les tentes s'éteignent l'une après l'autre, comme de grosses lanternes, la fête finie, et à l'extinction des feux, tout dort, sauf au camp, les pauvres sergents-majors qui arrêtent le trimestre, et là-bas, dans les douars, les chiens hurlant à la lune qui joue à cache-cache derrière de gros nuages noirs qu'elle frange d'argent et qui marchent vite, — voile mobile de crêpe sur le ciel, qu'on aperçoit par trouée, tout brillant d'étoiles.

Sidi-el-Hani, le 5 février.

Le courrier est en retard. Comme on cherche vite à le voir, le matin au réveil. C'est d'abord au sommet de la colline du Sahel un point blanc qui grossit petit à petit, on distingue l'homme, puis le cheval. Le cavalier se dirige ventre à terre sur le camp. Il arrive, son cheval est blanc d'écume, les naseaux soufflent bruyamment. En travers, sur la selle, un gros sac de toile grise scellé de cachets de cire rouge. C'est le courrier. Le goumier descend de cheval, donne le sac au vaguemestre, qui fait le triage, et dix minutes après le clairon appelle : « Sergents, aux lettres! »

Et les heureux, dont je suis toujours, peuvent se croire en France pendant la chère lecture. Or, le courrier n'est venu ni hier, ni aujourd'hui. Ce sera pour demain sans doute.

J'ai profité de mon après-midi pour monter à cheval et faire une grande course dans la plaine du côté du lac salé. Les chevaux de nos amis les interprètes indigènes nous servent en ces occasions. Oh! les bonnes petites bêtes que ces chevaux arabes. La rosse la plus apocalyptique ne peut donner qu'une faible idée de l'air piteux et éreinté de ces chevaux de goumier, au repos; la selle, avec ses huit tapis de drap, son grand pommeau, son dossier de fauteuil et ses larges étriers-éperons leur fait fléchir les reins. Avec cela les flancs, déchirés par l'angle des étriers, saignent, ainsi que la bouche fendue à vif par le mors. La crinière et la queue pendent, tristes. On monte, on part, le cheval prend un petit trot très doux qui, s'accentuant, devient au bout de quelques minutes un galop effréné, qui semble ne pas devoir s'arrêter. C'est vertigineux. Que le cheval, non ferré, butte sur un caillou, que son sabot s'enfonce dans un trou, on serait projeté au loin et blessé. Mais on n'y pense pas, et on se laisse emporter vers la plaine en jouissant, ivre d'espace, d'air rapide et de liberté. La campagne du côté du lac n'a rien de remarquable. Le pays est plat et le terrain descend en pente douce, tapissé d'herbe jusqu'aux bords de la Sebkah. J'ai profité de ma promenade pour aller jusqu'aux tentes des douars voisins. J'ai reçu bon accueil, et femmes et hommes ont fait risette au beau douro d'argent à l'effigie du roi Louis-Philippe que j'ai échangé contre quatre belles poules et des œufs qui vont faire la joie de ma popote.

Camp d'El-Ouek, le 10 février.

Nous avons quitté momentanément Sidi-el-Hani, pour aller sur la route de Sousse, à cinq kilomètres environ. Ma compagnie a été désignée pour aider les soldats du génie dans la réparation de la voie du chemin de fer. La pluie a enlevé plusieurs ponceaux de bois ; et on profitera de notre aide pour améliorer la voie, arrondir les courbes et adoucir les rampes. Notre petit camp est installé sur le point culminant des collines qui séparent le désert de la côte, et nous voyons par le temps clair d'un côté Sousse, de l'autre Kairouan. Nous sommes sur les ruines probables d'une ville romaine ; seuls, restent une vaste citerne vide, quelques puits de maçonnerie à l'eau douceâtre, et des fûts brisés de colonnes. Les Arabes appellent ce lieu : El-Onck. Les hommes sont occupés tout le jour aux travaux, sous la protection d'une escouade armée. J'ai installé mon bureau dans un wagon recouvert d'une bâche verte, mais la nuit, je couche sous la tente où il fait plus chaud. Mon adjudant est resté à Sidi-el-Hani ; je n'ai amené que mon ordonnance, qui suffit pour ma maigre cuisine, car il n'y a de rien ici en dehors des vivres réglementaires que le train nous amène tous les matins, et aucun mercanti n'a jugé à propos de nous accompagner. Je dois aller tous les trois jours à Sidi-el-Hani pour toucher le prêt, prendre les ordres, porter les lettres, les recevoir et assurer le ravitaillement. J'y vais demain avec le mulet de la compagnie et je le chargerai comme il faut.

El-Onck, le 14 février.

Au lieu d'aller à Sidi-el-Hani, j'ai obtenu du capitaine Morati d'aller à Sousse. J'avais une envie folle de revoir cette ville. Je l'ai revue, je suis content. Mon voyage a été accidenté. Jusqu'à Ouëd-Laya tout a bien marché. Monté sur un wagonnet, traîné par un cheval sur les rails, j'ai dû dérailler deux fois, pour laisser passer d'abord un train de vivres, puis un train de voyageurs. Cela s'est fait facilement.

A Ouëd-Laya, j'ai lunché chez l'adjudant d'artillerie qui voulait me garder à dîner et à coucher; il était cinq heures du soir et ne pouvait plus me donner de cheval pour aller à Sousse. Mais le besoin de manger à une vraie table, de coucher dans un vrai lit, de voir autre chose que la brousse ou le cactus, l'espoir très vif de voir, après cinq mois de jeûne, des yeux d'Européenne, me firent repousser l'invitation, et je partis à pied, après m'être assuré que mon revolver manœuvrait bien. Et je refis seul les quinze kilomètres qui me séparaient de Sousse. Tant qu'il fit jour, tout alla bien. Mais la nuit me surprit près de Kalaa-Srira, nuit noire, sans lune : et alors, je l'avoue, plus d'une fois mon cœur battit fort, et je saisis d'instinct mon revolver dans son étui lorsque je croyais voir un arbi embusqué près d'un olivier. Je sentis une joie intense quand je vis les feux de l'esplanade... Aux avant-postes, je me fis reconnaître et, mourant de faim, je me précipitai par les rues si calmes de la haute ville; j'atteignis vite la ville européenne et ne m'arrêtai que devant un hôtel sur le boulevard de la Marine, où un maître d'hôtel, correct, en habit noir, me conduisit à une terrasse éclairée par des lanternes de couleur, et d'où, par-dessus les remparts, on voyait la jetée, la rade, la mer : et je me mis à manger sur une nappe, dans une assiette, et à boire dans un verre, dans deux verres même... tandis que sur la rade un cuirassé de l'escadre du Levant faisait sur la ville des projections électriques dont les grands rayons blafards passaient et repassaient comme les feux d'un phare à éclipse. Sur la jetée, la fanfare des chasseurs à pied jouait une valse de Strauss, et d'un café-concert voisin montaient des lambeaux de chansonnettes, des cris de *bis* et des bruits de bravos. C'était presque Marseille...

Après dîner, un peu gris, de cette gaîté, de ces lumières, et je pense aussi d'un certain vin blanc mousseux dont je m'étais largement abreuvé, je descendis sur la jetée... Des soldats, des officiers, des Arabes, des juives aux étincelants costumes, des Européennes en toilettes claires, des bourgeois de Sousse allaient et venaient en une promenade circulaire autour des musiciens qui exécutaient une fantaisie sur *Faust*. Tandis que la clarinette soupirait :

> Salut, demeure chaste et pure !...
> . . . .

une dame vint à passer, blonde, solitaire comme moi, qui me fit un petit sourire prometteur et s'éloigna lentement du côté de la porte de la Marine, silencieuse, loin de la foule...; je la suivis; et la fanfare des chasseurs éclatait :

> Anges purs, anges radieux,
> . . . .

A vous je m'abandonne.

. . . .

Le lendemain, tard, je m'éveillai, seul, dans une jolie maison au bord de la mer, sur la route de Monastir, très étonné, la tête un peu vide, mais très heureux, très satisfait, sentant toute la joie de vivre.....

Et me voilà de retour avec un tas de provisions qui font le bonheur de l'ordinaire du troupier, de la popote du capitaine et de la mienne.

El-Onck, 17 février.

Il pleut, il pleut, il pleut toujours. Voilà trente-sept heures que nous ne pouvons sortir de nos tentes, trente-sept heures que nous n'avons pas fait un repas chaud, et le ciel est toujours couvert ; les rafales succèdent aux rafales et le vent ne change pas. C'est délicieux, mais plutôt mouillé. Heureusement nous avons de grandes tentes, les petites n'auraient pu résister. C'est au retour de Sidi-el-Hani, où j'avais été sur la mule du capitaine, les jambes ballantes à l'arabe, que la pluie m'a pris; depuis elle n'a pas cessé. Il est huit heures du soir, et, grelottant de froid sous ma capote, je vous écris — pour ne pas manquer le courrier de cette nuit, s'il passe. L'humidité suinte de partout et pénètre tout. L'eau, en tombant, fait sur la toile tendue un bruit de tambour assourdissant. A Sousse, j'ai appris que M. Arnaud, mon aimable amphytrion de jadis, avait donné sa démission d'agent de la Compagnie générale Transatlantique et s'était retiré à Monastir, où il gère ses propriétés...

La pluie redouble, le fossé protecteur qui recevait les eaux tout autour de ma tente vient de crever, inondant le sol de ma maison de toile. Impossible de réparer l'accident, car il faudrait sortir, et le vent s'engouffrant dans la tente ouverte emporterait tout.

Je déplace mon lit pour laisser couler l'eau, qui s'en est déjà tracé un, et le doux murmure de la rivière traversant mon domaine se joint au bruit de l'eau qui tombe. Que d'eau! que d'eau! dirait un illustre maréchal.

El-Onck, le 19 février.

Après avoir cessé hier pendant quelques heures et avoir ainsi permis à mon Vatel de me faire cuire un peu de viande dans de l'eau-de-vie, la pluie a repris de plus belle. Ce matin, j'ai déjeuné d'une boîte de thon, de fromage et de pain mouillé, le tout arrosé du bon vin blanc mousseux de Sousse, qui me réjouit l'estomac. La pluie continuant, nouveau repas ce soir de thon, de fromage, de pain, de vin blanc; mais comme c'est le dîner, j'y ajoute une salade de pissenlits sauvages, ramassés pendant l'accalmie, et que j'assaisonne au vinaigre.

Peut-être aurai-je demain, pour varier, une boîte de homard!!

Comme je vais toujours bien, tout est pour le mieux. Je n'ai plus d'eau sous ma tente, c'est toujours ça; et comme j'ai froid, je reste toute la journée couché dans les deux boîtes à biscuit mises bout à bout, qui me servent de lit sur l'alfa et sous ma couverture; David, mon ordonnance, prétend que j'ai l'air d'être dans un cercueil... comme Sarah Bernhardt. Cette comparaison me remet en mémoire un épisode de mes folles amours pour la grande artiste. J'étais en vacances, je sortais de rhétorique. Grisé par Dona Sol, j'avais écrit à Sarah une de ces lettres auxquelles les femmes, croyais-je alors, ne peuvent résister; j'avais fait un brouillon. La lettre partie pour la rue Fortuny, je ne vivais plus que dans l'espoir d'une réponse et ne m'étais pas aperçu de la disparition de mon brouillon. Or, un jour, le facteur me remet une enveloppe : écriture très droite, très longue, très artiste. Je décachète fébrilement, tout de suite me disant : « C'est d'elle! » Je déplie le papier : solide, épais, moyenageux, et je lis de la même belle écriture très droite, très longue, très artiste, ce seul mot : « *M...!* » et deux initiales : S. B. . . . . . . Un mien ami, alors pensionnaire de la Comédie française, qui passait son congé chez nous, avait trouvé le brouillon, et sachant bien que Sarah ne répondrait pas à la lettre d'un collégien, m'avait fait cette fumisterie. Je ne la lui ai pardonnée que longtemps après.

Les enfants n'aiment pas qu'on éteigne les flammes de leurs rêves. Les hommes non plus, du reste. Car n'est-ce pas le Rêve, qui seul fait supporter la Réalité.

Sidi-el-Hani, 1ᵉʳ mars.

Nous sommes rentrés au bercail, ramenant le beau temps. Il fait la chaleur du mois d'août en France. Je paie de maux de ventre et de douleurs aux articulations, mes nuits d'El-Onck. Mais le soleil va bientôt guérir tout cela. Les pluies ont inondé la campagne et la plaine est devenue un étang dont les eaux se mêlent à celles du lac. De tous côtés l'herbe a poussé, haute, drue, très verte, émaillée de mille fleurettes, roses, blanches, jaunes, bleues, de tons très tendres qui, de loin, se fondent en un immense tapis d'Orient très fané, mais très doux.

Sidi-el-Hani, le 9 mars.

Moi qui me plaignais de notre *far niente*, nous venons d'être vigoureusement secoués. Depuis quelques jours nous sommes sur les dents, et à la longue cette position devient fatigante. Un djigg, composé d'environ cinq cents maraudeurs arabes bien équipés, bien armés, escortant des chameaux, des chevaux, des moutons et des femmes razziés aux tribus soumises, avait été signalé par Kairouan, comme devant passer en vue du camp. Nous avions reçu l'ordre de l'arrêter, puis de le forcer à la soumission dès qu'il serait signalé. Le 5, c'était dimanche, nous étions à causer très tranquilles sous nos tentes, lorsque nous entendons des cris désespérés; nous sortons et voyons les Arabes des douars fuyant vers nous en hurlant, et derrière eux, de grandes flammes dans un nuage de fumée noire. C'était le djigg annoncé qui signalait son arrivée par le pillage et l'incendie du campement de nos alliés. Immédiatement, on sonne la générale, et ma compagnie et la 2ᵉ partent. Ma compagnie se dirige vers le sud du côté du lac salé; la 2ᵉ, au contraire, vers le nord sur El-Onck. L'escadron de hussards occupe le centre de la ligne ainsi formée. Nous, nous n'avons rien vu et sommes rentrés à la nuit, bredouilles. Mais la 2ᵉ rencontra le convoi ennemi fuyant vers le nord; elle se déploya en tirailleurs et fit un feu bien nourri; les Arabes tournèrent bride en laissant une vingtaine des leurs sur le terrain, après nous avoir blessé un sergent et trois hommes dans une riposte rapide. C'est alors que les hussards les aperçurent à leur tour et, partant au galop, les poursuivirent. Mais le terrain défoncé par les pluies et couvert d'herbes montant au poitrail des chevaux arrêta leur élan. Les Arabes gardèrent leur avance. Mais à un moment leur convoi fut coupé en deux et le groupe de chameaux et de conducteurs, vite entouré, fut pris par la cavalerie sans qu'elle ait eu à tirer un coup de feu. C'est alors qu'un Arabe conducteur de chameaux, sortant un pistolet de son burnous, tira, tuant presque à bout portant un maréchal des logis de hussards. L'assassin fut immédiatement massacré à coups de sabres. La nuit était arrivée, les hussards regagnèrent le camp avec leurs prisonniers et le cadavre de Dumont. Nous rageons de notre impuissance devant cet ennemi insaisissable.

Le lendemain, 6, au lever du soleil, nous repartons en reconnaissance. Pendant huit heures, nous restons dehors, sous une pluie battante, tantôt pataugeant dans la boue, tantôt disparaissant dans des herbes plus hautes que nous. Déployés en tirailleurs à dix mètres les uns des autres, nous formions une immense chaîne que rien ne doit traverser. Aussi, rien ne la traverse, et nous rentrons au camp, bredouilles comme la veille, mais mouillés jusqu'aux os.

Mardi 17, nous enterrons notre camarade le maréchal des logis Dumont, tué à l'ennemi.

Tout le camp est présent; les hussards, en armes, entourent le cercueil porté à bras par les sous-officiers, et recouvert d'un pavillon tricolore, du dolman, du shako et du sabre de notre ami. Le commandant Pédoya conduit le deuil; le capitaine de hussards dit adieu, en notre nom à tous, à celui qui a été tué pour son pays; et après une décharge de mousqueterie, nous jetons tous une pelletée de terre sur le cercueil fait à la hâte de planches de caisses à biscuit. La fosse comblée, nous attachons à la croix de bois noir et déposons sur l'humble tertre de terre des couronnes de lauriers roses et des palmes. Hommages à ce vaillant!

Mercredi 8, nouvelle sortie; nous battons l'estrade dans un rayon de dix kilomètres, et nos efforts doivent se combiner avec ceux de tous les postes voisins. Les camarades voient peut-être quelque chose. Mais nous, rien que la pluie et le vent. Au retour, la fièvre me prend, très forte, et ce matin je n'ai pu me lever pour suivre ma compagnie, qui sort pour la troisième fois en quatre jours.

Tout ce qu'il y a d'éclopés au camp est sous mes ordres, la sortie étant générale. Tout le monde est sous les armes et occupe les postes de la ligne des grand'gardes; une section est de réserve au camp. De temps en temps passent au loin des cavaliers au galop, tantôt arabes, tantôt français ; puis ce sont des coups de feu isolés qu'on entend, suivis d'une fusillade ; et après le silence, lourd, morne, très pesant — comme le ciel où roulent, poussés par le vent, de gros nuages noirs et gris. Les mercantis, barricadés derrière leurs caisses et leurs tonneaux, ont des fusils chargés, mais meurent de peur au fond de leurs gourbis. Journée sinistre, que la fièvre qui m'agite fait tourner au cauchemar.

Enfin, à six heures du soir, tous nos camarades reviennent. Des hommes de la 3ᵉ compagnie prétendent avoir vu quelque chose de blanc qui passait devant eux. C'est pour ça qu'ils ont tiré, mais rien n'a été tué.

Sidi-el-Hani, le 15 mars.

Le calme est rétabli. Voici le bilan de ces quelques jours d'alertes. Du côté des Arabes, une trentaine de tués ou blessés, cinquante-deux chameaux chargés de grains, pris par nous avec trente conducteurs, expédiés sous escorte à Kairouan ; de notre côté, un sous-officier tué, un sous-officier et trois soldats blessés.

La vie du camp a repris, monotone. Exercices matin et soir. Corvées de toutes sortes. Pour nous désennuyer, le commandant a fait changer le camp de place. Nous avons quitté le plateau et campons maintenant dans la plaine.

On devrait nous employer à la construction de baraquements, ce serait toujours plus sain que la tente. Si les premiers occupants avaient commencé il y a six mois, tout cela serait fait aujourd'hui. Mais nous vivons dans un éternel provisoire qui annihile et tue les bonnes volontés. A quoi bon? dit-on. Mauvais raisonnement; il faudrait, dans un corps d'armée d'occupation, que sur tout le territoire, chaque jour amenât une amélioration — aussi petite soit-elle. C'est le travail successif et ininterrompu qui seul est profitable et fait œuvre utile et durable.

Sidi-el-Hani, le 20 mars.

Hier est passé au camp, pour rejoindre l'hôpital militaire de Kairouan, un missionnaire nommé aumônier. Il nous a dit la messe ce matin, sur le plateau, près de la tombe de notre camarade, pour le repos de l'âme de tous ceux qui sont morts soit à l'hôpital, soit au feu, depuis le commencement de la campagne. Nous étions tous sous les armes : à droite de l'autel, l'artillerie ; à gauche, la cavalerie ; en face, l'infanterie en colonne double. Cérémonie très simple, mais très grande, très noble, et plus d'un pleurait lorsqu'à l'élévation les clairons sonnèrent « aux champs », et que l'hostie sacrée aux mains du prêtre, nous bénit, courbés, sous la fière moisson d'acier de nos baïonnettes et de nos sabres, étincelant au soleil du matin.

Ce prêtre disant la messe pour nos morts glorieux, sur les tombeaux mêmes des vieux musulmans, — ces mots latins, doux rappel de l'enfance heureuse, murmurés à mi-voix, — le son cristallin de la petite clochette d'argent sonnant clair, parmi les rudes commandements militaires, et les fiers appels de clairon. Tout cela, dont six mois de campagne nous avaient déshabitués, nous a profondément remués ; du fond du cœur nous avons prié et demandé à Dieu infiniment bon de nous permettre d'entendre bientôt, avec tous nos chers nôtres, les pieux offices dans nos vieilles églises de France.

France! oh! ce mot que nous disions jadis banalement, nous ne le prononçons plus qu'émus et recueillis : France!!

Sidi-el-Hani, le 24 mars.

Une circulaire ministérielle vient de nous être communiquée, autorisant des hommes de troupe à demander des congés de trente jours pour la France, voyages à leurs frais. Si vous m'autorisez à en demander un, je pars, tenant à être le premier, même pour les permissions.

Sidi-el-Hani, le 30 mars.

Je reçois votre dépêche; vous m'attendez avec impatience. J'en étais tellement sûr, que ma demande est transmise à Tunis depuis le 26. Aussitôt accordée, j'irai m'embarquer à Sousse. Quelle joie!

Sousse, le 8 avril.

Je m'embarque demain sur le *Lou Cettori*, de la Compagnie générale transatlantique. Le 12, je serai à Marseille, et le 13 à Paris. Hip! hip! hip! Hourrah! . . . .

CHAPITRE V

EN ROUTE

A bord de *la Ville de Bône*, le 20 mai,
Huit heures du matin.

Ces trente jours de permission ont passé comme un météore, comme une étoile filante — et je me retrouve après ce rêve de Paris, de mon cher Paris, de ma famille aimée, rêve vécu pendant des jours trop courts, mais bien vécu pourtant, en rade de la Goulette, sous un soleil brûlant dont nous protège mal la tente étendue tout le long du paquebot. J'attends que le colonel Verrier, que j'ai prévenu de mon arrivée, vienne me chercher, car le bord est consigné aux hommes de troupe, et je serais peiné de passer devant Tunis sans m'y arrêter.

*

Même jour, six heures du soir.

Je reviens de Tunis, et la *Ville-de-Bône* appareille pour Sousse où nous serons demain matin. Le colonel est venu dans son bel uniforme de zouaves, toujours jeune, alerte, vigoureux, sous son apparence chétive. Le teint mat et bronzé, les yeux brillants, avec au fond une grande bonté. La barbe a poussé toute entière, poivre et sel, donnant à la tête fine, élégante, un air très campagne, très africain. C'est bien toujours l'ami sûr, bon, dévoué. Heureux sont les zouaves de servir sous un tel chef. Nous en savons quelque chose, nous, au 48e.

Nous avons d'abord visité la Goulette, qui

dort, très levantine, sur les bords de son canal aux eaux glauques, aux remparts effrités, garnis de gros canons de bronze, antiques et vénérables bibelots, avec ses lourds et massifs palais sans fenêtres, forteresses muettes où le bey se calfeutre entre ses femmes, ses mignons, et ses musiciens habillés à l'anglaise de vestes rouges et de casques indiens. Un peu d'animation à la gare italienne, car les chemins de fer sont italiens en cette possession française, et au palais de Ismaïl Pacha, cet ancien favori, destitué, exilé, où le 1ᵉʳ bataillon du 4ᵉ zouaves est caserné, en une vraie caserne, avec ses chambrées meublées par les « Lits militaires », ses cuisines, ses lavabos, ses guérites... On est loin du Sud ici, ça se voit.

Tunis est une grande ville. La partie européenne est neuve et entoure la ville arabe. Sur le boulevard de la Marine sont la cathédrale construite par l'archevêque d'Alger, Mgʳ Lavigerie, les palais du résident de France et du général commandant la division d'occupation; les consulats étrangers, de grands hôtels où l'on trouve une partie du confort moderne, le théâtre, où on ne joue que le répertoire italien, bien entendu, des cafés-concerts, des brasseries tenues par des dames de nationalités diverses. Ce boulevard aboutit d'un côté au lac de Tunis, qui rejoint la mer par le canal de la Goulette; au milieu du lac, un fort espagnol, en ruines, sert d'abri à des bandes d'ibis et de flamants roses qui se chargent du service de la voirie; et de l'autre côté à la ville arabe ceinte de hautes murailles crénelées de l'époque sarrazine. Des portes bastionnées, avec postes de soldats tunisiens, y donnent accès. Nous entrons par Bab-el-Bâar (porte de la Marine) et le poste, sous les armes, rend les honneurs au colonel Verrier. Nous sommes assaillis par une nuée de petits juifs qui veulent absolument nous emmener chez eux pour nous présenter à leurs familles : « Ma sœur est jolie! viens voir, Moussié! » — « Y a un piano, viens voir! » — « Viens voir! » — « Viens voir! » nous crient-ils. C'est charmant et aiment-ils assez leurs familles ces petits descendants des grands prophètes d'Israël! Nous nous en débarrassons à coups de pied.

Tunis est la reproduction de Sousse et de Kairouan. Qui connaît une ville arabe les connaît toutes. C'est, ou plus grand, ou plus petit. C'est le même dédale de rues étroites, de maisons aux portes de bois massives, ornées de clous de bronze, aux très rares fenêtres en moucharabiehs; ce sont les mêmes boutiques, les mêmes marchands, les mêmes acheteurs. Sous les souques, on fabrique et on vend les mêmes objets. Tout en haut de la ville est la caserne de la garde tunisienne, où sont casernés les zouaves du colonel. C'est très complet, comme aménagement; n'était le ciel, on se croirait en Europe. Nous entrons au mess des officiers, qui se trouve dans un jardin à l'entrée. Le colonel me présente, on me fait fête. Au milieu de ce joli salon où il fait doux et frais, entouré d'une vérandah qui laisse voir toute la ville, et le lac et la mer et la campagne jusqu'à Carthage, jusqu'à Hammam-el-lif, jusqu'à Zaghouan, en buvant ces boissons fraîches et bien servies, je ne puis m'empêcher de penser aux soldats et aux officiers de l'armée du Sud, brûlés en été, inondés en hiver là-bas sous la tente....., et pourtant la campagne ne comptera pas plus pour ceux là que pour ceux-ci.

Le colonel m'a accompagné à bord, je l'ai embrassé bien fort et il est parti, un peu ému aussi, car enfin, je vais loin. Quand nous reverrons-nous ?

Kairouan, le 25 mai.

Ouf ! qu'il fait chaud : 38 degrés à l'ombre, et le sirocco souffle. De Sousse, je suis arrivé ici d'une seule traite par le Decauville. On m'a mis en subsistance à la Casbah, et je dois aller sous peu rejoindre mon bataillon, qui campe en observation à Sidi-amor-bou-Agela (quel beau nom !) sous les ordres du colonel de Faucamberge, remplaçant le colonel Moulin, rentré en France.

Je loge à la Casbah avec les sous-officiers d'artillerie, et un milliard de mouches. Ce milliard remue, danse, bourdonne, pique ; c'est à devenir fou. Il y a des mouches dans tout ce qu'on boit, dans tout ce qu'on mange; en respirant, elles vous entrent dans la bouche.

Les puits sont épuisés. Les citernes n'ont plus d'eau. On en fait venir par tonneaux et par wagons, citernes de Sidi-el-Hani et de Sousse. Des distributions régulières ont lieu, comme pour du vin. Kairouan n'est plus qu'un immense brasier flamboyant au milieu des sables. Le soleil incendie tout, aussi est-on littéralement cuit, entre les murs blancs, le sol blanc et le ciel d'un bleu implacablement bleu. On ne respire un peu que le soir vers onze heures, alors que l'obscurité a rafraîchi la pierre et que nous montons sur la terrasse de la Casbah. Souvent, très las de la chaleur, nous nous y endormons.

Si Amor-bou-Agela, le 29 mai.

J'ai rejoint avant-hier ma compagnie avec un convoi d'isolés, et j'ai fait toute l'étape sur un bourriquot que m'a loué un arabe.

A l'arrivée, les camarades m'ont fêté et sont

tout joyeux des souvenirs que je leur rapporte de Paris. Le capitaine m'a embrassé et m'a invité à dîner. Le colonel de Faucamberge, frappé par mon nom au rapport, m'a appris qu'il a un frère en relations d'affaires avec toi, et pour causer m'a invité à déjeuner ce matin. Entre la poire et le fromage, simple figure de rhétorique, car il n'y avait ni poire ni fromage, il m'a appris que nous repartions pour Kairouan après-demain. C'était bien la peine de me faire venir jusqu'ici, ai-je pensé in petto.

Il fait moins chaud qu'à Kairouan, et puis il il n'y a presque pas de mouches, Les nuits sous la tente sont assez fraîches. Il y a des arbres autour du camp. Si ce n'était l'eau, qui a très mauvais goût, et la petite tente, qui manque de confortable, on ne serait vraiment pas trop mal. Cette nuit, la plaine a pris feu. Comment? on n'en sait rien. Toujours est-il que la terre semblait incendiée et que les flammes s'élevaient, hautes, très rouges dans la nuit. Heureusement que le camp est à l'abri de ces catastrophes, grâce à un vaste boulevard de 20 mètres de large, entièrement débroussaillé, et qui le borde sur les quatre faces. C'est le premier ouvrage qu'il faut faire en arrivant aux étapes. Faute d'aliments, le feu s'est éteint tout seul à la bordure du camp; mais nous avons été toute la nuit empestés par la fumée épaisse et âcre que le vent poussait sur nous.

Camp de Bir-Sébek, 3 juin.

A peine arrivés à Kairouan, nous en sommes repartis, cette fois pour Gafsa. Nous avons quitté la ville à deux heures du matin. Notre colonne se compose de 650 hommes d'infanterie du 48e de ligne, de 20 hommes du train des équipages, de 2 gendarmes pour la prévôté, de 2 soldats infirmiers pour les malades futurs, de 20 spahis indigènes qui doivent éclairer et guider la colonne. Enfin un convoi de 300 chameaux portant douze jours de vivres et 400 tonnelets d'eau; 12 voitures régimentaires à 1 cheval, 18 arabas pour les bagages et les effets ou objets des magasins du 48e de ligne, 12 mulets et

15 bourriquots pour les officiers, 10 mulets de cacolets et 1 voiture légère d'ambulance. Cette énorme quantité de bêtes et de voitures occupe, en dehors du train, 250 indigènes. Le chef de bataillon Pédoya commande la colonne; notre cadre d'officiers et de sous-officiers est au grand complet

Je suis chef de l'arrière-garde et marche à l'extrême pointe, seul, bien tranquille. Je suis habillé pour la route, en toile blanche avec mon casque indien, et je ne porte pas mon sac; aussi, je me sens très léger, très dispos.

La nuit pure, limpide, nous a montré Kairouan pour la dernière fois peut-être, sous une clarté lunaire douce et mystérieuse qui enveloppait la perle du désert d'un charme poétique de rêve d'orient, charme que le soleil détruit bientôt par sa vive lumière d'une crudité brusque. La route est droite, très plate. A l'aurore, nous côtoyons les jardins d'été du gouverneur tunisien de Kairouan, le général M'Raboït, à 8 kilomètres de la ville, oasis de palmiers, de dattiers, de figuiers et d'arbres fruitiers de France. Au milieu, le palais du gouverneur. Huit heures, le soleil est déjà haut sur l'horizon, et maintenant il brûle tout ce qu'il éclaire. La plaine, morne et immense, étale sa nudité grise. On chauffe, on cuit, on souffre, tout brûle, et aux haltes, lorsqu'on s'asseoit sur la terre, on se relève vite avec une vive sensation de brûlure.

Tous les cent mètres, pendant les deux derniers kilomètres, un homme tombe que les cacolets emportent. Il fait trop chaud. Enfin nous apercevons au milieu de la plaine un point blanc. C'est le puits... le puits! Rien que ce mot nous ranime. Allons, dépêchons-nous. On arrive. L'eau goûtée est fraîche, mais un peu salée. Au camp, nous déjeûnons d'un morceau de viande froide, arrosée d'eau et de vin. Puis, réfugiés sous la tente qui fait l'effet d'un four, nous nous étendons et tâchons de dormir pour réparer un peu le sommeil trop court de la nuit. Car il faut repartir demain encore à deux heures du matin. Après la sieste, je m'occupe de mes hommes, de la nourriture, de la boisson, du café pour le soir et pour le lendemain; puis, assis sur un bidon renversé, je vous écris ces quelques lignes qu'un cavalier indigène va porter à Kairouan avec les lettres officielles et particulières du commandant.

Camp d'Ouëd-Gilma, le 6 juin.

Ici nous faisons séjour. C'est notre quatrième étape. Nous allons tâcher de nous refaire un peu. Nous avons été très éprouvés pendant ces trois jours : la chaleur, le manque d'eau et de vivres frais nous ont détraqué l'estomac. Par dessus le marché, ou plutôt par-dessous mes pieds sont blessés; mes souliers me vont bien pourtant; sur le cou-de-pied j'ai deux plaies profondes qui suppurent, collent la guêtre de toile et me font souffrir d'un façon aiguë pendant la marche. Arrivé à l'étape, je les lave avec de l'eau phéniquée et de l'arnica, je mets mes babouches, et je ne souffre plus; mais le lendemain il faut partir et cela recommence. Quant à aller voir le docteur, je n'irai pas, ce serait inutile, les hommes n'ayant pas de fièvre ne sont pas reconnus malades, et c'est très juste;

et puis j'aurais honte de montrer à mes hommes
que j'ai mal aux pieds. Un sous-officier doit
marcher jusqu'à ce qu'il tombe. Lorsque sans
raison grave un sous-officier monte en cacolet,
le soldat rit en dedans d'abord, puis se décourage. Nous devons toujours donner l'exemple du
courage, non seulement au feu, car alors l'exemple serait rare, mais en tout temps. Heureusement que, si mes pieds sont écorchés, la santé,
à proprement parler, est bonne. Je me porte
bien, et pourtant rien ne peut donner une idée
de la façon dont on se nourrit, dont on s'abreuve,
dont on repose. Enfin! Dieu est là pour nous
soutenir, nous fortifier et nous encourager.
C'est au fond du désert, comme au milieu des
mers, que l'idée religieuse revient vivace au
cœur de l'homme qui pense. Lorsqu'on se sent
seul en cette mer de sable, sans autre horizon
que le ciel brûlant et le sol brûlé, on tourne forcément ses regards vers ce Dieu qui, s'il crée
toutes ces choses, doit nous donner la force
morale de les supporter..... et cette prière est
bonne, réconforte et rappelle au cœur la Famille,
la France.

Demain, en route pour Gafsa, encore cent kilomètres à avaler, cinq étapes, dont deux sans eau. C'est-à-dire que ces jours-là, on nous distribuera cinq litres d'eau par homme. Et quelle eau! celle que les chameaux ballottent depuis quatre jours déjà dans les tonnelets attachés à leurs bosses. Ah! si elle n'est pas frappée, elle est bien secouée.

Bir-el-Alifa, le 10 juin.

Plus que trois jours et nous serons arrivés. Hier, pas de puits, et, comme malheureusement, par suite du mauvais état de la route, plusieurs chameaux avaient brisé leurs tonnelets, la ration a été réduite à trois litres. C'est maigre, trois litres d'eau noirâtre pour tout faire : la soupe, la boisson et la toilette.

Aujourd'hui, par contre, notre camp a de l'eau en abondance : une eau claire, limpide, fraîche, c'est un vrai régal, et si nous avions du pain, nous serions trop heureux. Le biscuit ne le remplace pas. Nous sommes campés au pied du massif central de la Tunisie, à l'entrée d'un défilé aux allures imposantes, me rappelant le défilé de la hache de Salambô; l'horizon est fermé par un amphithéâtre de hautes collines rocheuses, rouges, aux crêtes finement dentelées, mais hélas! entièrement déboisées. Comme ce pays devait être riche, prospère, florissant autrefois. Le camp est établi sur les ruines mêmes d'une ville romaine. Ce ne sont partout que des pans de murs, des fûts de colonnes, des chapiteaux de marbre, des blocs de granit magnifiques. Il y a surtout deux restes de palais ou de temple très bien conservés. Ce sont deux tours carrées de vingt mètres de haut, avec des niches à statues, et, autour du sommet, des bas-reliefs guerriers, sentinelles de pierre veillant à la garde du défilé.

Certes, oui, une ville superbe, riche, populeuse devait s'élever là avec ses théâtres, ses cirques, ses palais et ses temples; et des milliers d'hommes et de femmes devaient vivre, travailler, s'amuser, s'aimer à cette place où le voyageur ne trouve plus aujourd'hui qu'un puits et qu'un immense champ de pierres dormant immobiles au milieu du désert.

CHAPITRE VI

GAFSA

Gafsa, le 16 juin.

Enfin, nous sommes arrivés à Gafsa après douze jours de marche exécutés à l'époque la plus chaude de l'année. Gafsa et son oasis, une des plus grandes d'Afrique sont situées au milieu d'une vaste plaine de sable jaune sans aucune végétation. Nous sommes campés en avant de la ville, à quinze cents mètres de Gafsa, dont la Casbah, très élégante, se détache toute blanche, avec ses murs, ses tours, ses bastions crénelés, son fin minaret sur le vert des palmiers de l'oasis. Nous sommes très mal. D'abord camper sous la petite tente par la chaleur qu'il fait, est un supplice à nul autre pareil, puis les denrées de première nécessité sont hors de prix : voici un aperçu :

> Vin, le litre . . . . 1 fr. 50
> Pommes de terre, le kilo. . . . » 80
> Graisse, le kilo . . . . 3 »

Je ne parle pas des conserves, pour les aborder, il faudrait être millionnaire.

> Une boîte de homard. . . . . . 4 fr. »
> Une boîte d'asperges (six) . . . 6 »

Nous nous rattrapons sur les abricots, ceux-là sont bon marché, une quarantaine pour un sou, et il paraît que le prix est lucratif, car tous les petits Arabes nous en apportent dans les plis de leur chemise relevée. (Shoking!) Les abricots, c'est bien bon. Mais pas trop n'en faut.

Gafsa, le 20 juin.

Décidément, Gafsa pourrait faire la pige à Avignon pour le vent qui souffle sans discontinuer, soulevant des nuages de sable impalpable qui pénètre partout et nous ensevelit vivant en un suaire de fine cendre jaune. Et c'est un vent, tantôt froid à faire mettre des foulards, tantôt chaud au point de faire tourner le vin dans les bouteilles et d'abrutir les hommes, que rien alors ne peut faire sortir d'un sommeil lourd et fiévreux. Il faut endurer tout cela sous la petite tente qui se gonfle, au moindre souffle, comme un ballon, et éclate, entraînant ses cordelettes et ses piquets avec un bruit formidable. Les trombes de sable passent, tourbillonnent et emportent au loin vêtements, registres, couvertures, armes mêmes. C'est tout à fait délicieux. Depuis huit mois qu'il y a des troupes à Gafsa, on n'a pas eu la moindre velléité de faire construire quoi que ce soit de plus résistant, et pourtant le sol même sur lequel nous campons est de la terre à briques. Donc, les matériaux ne coûtent rien, et la main-d'œuvre, nous en savons le prix. Dans le nord, à La Goulette, à Tunis, à Sousse, ils ont des maisons, des baraques, des grandes tentes. Mais pour nous, qui avons dix mois de campagne active, qui avons souffert tout ce qu'on peut souffrir en ce pays, on ne trouve rien de mieux que de nous faire camper dans le sable : sous la petite tente, avec l'autorisation, il est vrai, de construire ce que nous voudrons, mais à condition que ça ne coûte rien, que ça n'entrave ni les exercices, ni les corvées générales, ni le service du camp et de la place, ni les escortes de convois. Dans six mois, s'il y a un abri de construit, je l'irai dire à Rome.

Quant à l'oasis, vous avez déjà compris, n'est-ce pas, qu'il était absolument interdit à tout homme de troupe d'y pénétrer, sous le prétexte de protéger les propriétés arabes. Des patrouilles la sillonnent aux heures de repos et assurent l'exécution de l'ordre. J'ai suivi une patrouille, quand ma compagnie était de piquet, et j'ai pu ainsi voir cette merveille. Le mot n'est pas encore assez fort. Comment décrire toute cette verdure, ces fruits, ces légumes, cette eau claire, jaillissante, coulant en fins ruisseaux de tous côtés. Sous le dôme des palmiers, au milieu de ce fouillis d'abricotiers, de mûriers, de grenadiers, d'orangers et de citronniers, pas de vent, pas de poussière, pas de grand soleil, quelques trouées lumineuses seulement, pointant de clous d'or l'émeraude des feuilles, les rubis et les topazes des fruits et des fleurs, la rutilance vermeille des citrouilles aux panses rebondies. Là l'ombre, le silence, la fraîcheur ne sont troublés que par le chant des oiseaux qui voltigent de branche en branche, le frémissement des hautes palmes que la brise effleure et le murmure de l'eau qui passe.

Gafsa, le 2 juillet.

On parle de nous envoyer à Alexandrie. Quelque peu que nous soyons au courant des affaires européo-égyptiennes, ce bruit a pris dans Gafsa une certaine consistance. Quel bonheur, si cela pouvait être vrai et si nous recevions ordre de nous embarquer à Gabès pour l'Égypte. Comme nous serions heureux d'aller là-bas et de refaire, nous, les jeunes, les glorieuses étapes d'Alexandrie au Caire, et du Caire à la Thèbes aux cent portes, de retrouver à chaque pas les traces de nos grands aînés de l'armée d'Égypte et de dater nos lettres d'Aboukir et des Pyramides. Mais ce serait trop de chance, et je doute fort que le Gouvernement, qui semble déjà avoir plein le dos de la Tunisie, veuille recommencer avec l'Égypte. Et, pourtant, quelle conquête et quelle belle occasion de ne pas laisser les Anglais s'emparer seuls des rives de Suez, pour leur permettre ainsi de nous fermer à leur gré la porte des Indes. Aller là-bas, ce serait reprendre les traditions de la grande politique coloniale... aussi... nous n'irons pas.

J'ai déserté la tente; mais au lieu de me construire une baraque, je me suis creusé un trou. Notre camp est limité au couchant par le lit d'un torrent à sec qui a six mètres de profondeur, un fond de pierres et deux berges de terre à briques, d'un grain très fin et très serré. Je me suis fait creuser une caverne artificielle au niveau du lit du torrent, dans la berge regardant le levant. Une porte en bois, avec verrou, clot la pièce, et, après avoir fait blanchir à la chaux les parois de la caverne, je m'y suis installé avec mon lit de camp, mes deux tabourets, ma toilette où s'étale en cuvette une gamelle de campement bien astiquée, ma table de travail et toute ma comptabilité. Le jour m'arrive par un judas couvert d'une mousseline blanche qui fait moustiquaire. Et, à l'abri du vent, de la poussière et de la chaleur, protégé par quatre mètres d'épaisseur de terre, je dors et je travaille enfin dans le calme. Mon capitaine, enthousiasmé de mon idée, va en faire autant, et pour peu que nous restions à Gafsa, nous allons tous nous terrer. C'est le rêve; Bénie soit la Terre. Un soldat de ma compagnie est mort à l'hôpital : fièvre typhoïde, tout le bataillon a assisté à ses obsèques purement civiles, hélas! Nous faisons tous nos efforts pour nous masquer à nous-mêmes le vide affreux de l'absence du prêtre. Mais nous le sentons bien. Il nous manque, à nous, les bien portants, et encore bien plus à nos pauvres malades, qui encombrent l'hôpital et son annexe hors les murs C'est qu'aux lits de souffrance et de mort, il n'y a ni les parents, ni même la douce sœur de charité, cette Mère, mise en réserve par la Foi, et alors le Prêtre devient indispensable : c'est lui qui, par le rappel des paroles saintes qui ont bercé l'enfance, adoucit le terrible passage de la vie à l'Éternité et fait la mort douce et consolante. A Kairouan, il y avait un aumônier à l'hôpital, ici, où on meurt plus facilement, il n'y en a pas. Pourquoi? Il faudrait qu'une voix autorisée dans la Presse parisienne se fît entendre. Notre bon ami Escoffier devrait être cette voix, et il est bien certain que le *Petit Journal,* alors, serait le porte paroles de toutes les mères. A Paris et dans le Parlement d'hommes forts qui nous gouvernent, on sourira de notre petitesse d'esprit. Possible. Mais nous ne sommes ni à l'Élysée, ni au Palais-Bourbon ; ici, la mort frappe vite et souvent.

Gafsa, le 7 juillet.

La chaleur augmente de jour en jour. Où cela s'arrêtera-t-il? Avec ça, l'eau est saturée de magnésie et occasionne des diarrhées, des dyssenteries et même des accidents extérieurs, des plaies bizarres, rappelant les clous de Biskra, apparaissent, simples plaques roses d'abord, aux mains, aux mollets, aux fesses, puis deviennent, sans occasionner de douleurs, des chancres très larges rongeant la chair vive, et que nos médecins ont toutes les peines du monde à sécher. Un dixième de l'effectif au moins a les mains, les pieds ou la figure entourés de bandes de toile phéniquée. Enfin, le vent et la poussière occasionnent des ophtalmies purulentes. Les yeux deviennent rouges, se gonflent, suppurent. Si ça continue, le camp va devenir une vraie cour des miracles. Je ne vous parle que des malades du camp soignés au corps.

Mais il ne se passe pas de jours sans entrée à l'hôpital et sortie pour le cimetière.

Il y a environ, à Gafsa, 3.000 hommes de troupe sous le commandement du colonel Freyermouth, le père Vermouth, comme disent les troupiers, remplaçant le général Philebert en congé.

L'effectif des malades à l'hôpital est de 300 hommes environ. Moi je vais bien, et ici, comme partout, me trouve un des heureux.

Gafsa est toujours morne et triste. On se prépare pour la Fête du 14 Juillet, c'est-à-dire qu'on remet sur affûts et qu'on fourbit les deux canons de la Casbah pour tirer les salves. Cette dépense de poudre, une revue du colonel et double ration de vin et d'eau-de-vie. Voilà le programme. Quelle nopce!!

Extrait du rapport de la place, de ce jour :
« Le 48ᵉ est désigné pour faire partie de la
« colonne volante de Gafsa. Deux compagnies
« devront toujours être prêtes à prendre les
« armes au premier signal. »

Les honneurs continuent.

Gafsa, le 20 juillet.

L'état sanitaire s'aggrave. Voilà maintenant la diphtérie qui a fait son apparition. La ville et le marché hors les murs sont consignés au 48e. Notre pauvre bataillon est le foyer de l'épidémie. Nous voilà en quarantaine. Le conseil d'hygiène va prendre une décision à notre égard. Nous payons les fatigues de la route de Kairouan à Gafsa.

CHAPITRE VII

EL-LALA

Camp de Lala, le 22 juillet.

Voilà le résultat de la délibération du conseil d'hygiène de la place. On nous a envoyés au vert à huit kilomètres Est de Gafsa, sur une colline qui domine une petite oasis, et, par conséquent, un petit village : El-Lala. Nous sommes exempts de tout service de place ou d'escorte de convoi. Nous n'avons qu'à nous reposer et à nous garder. Nous avons des grandes tentes, et les hommes ont ordre de faire la sieste sous les arbres de l'oasis!! On distribue du quinquina, de la quinine, du vin de Bagnols aux malades. On espère que ce régime aura raison de nos maladies. Ma compagnie est la moins éprouvée. C'est que les officiers, MM. Morati, Tuot et de Beaudrap, veillent à tout. Je n'ai qu'un seul sergent à l'hôpital. Mais il est bien touché. On parle d'une angine de poitrine. C'est mon ami le sergent Pénard, un bon serviteur, calme, froid, très strict dans le service.

Camp de Lala, le 23 juillet.

Pénard est mort, et nous venons de l'enterrer. Tous les valides du bataillon sont venus à Gafsa, commandant en tête, pour accompagner le camarade au cimetière. Le commandant m'a prié de dire quelques mots sur sa tombe. Après que la bière, boîte à biscuit couverte de chiffres et d'inscriptions, fut descendue au fond de la fosse, tête nue, je récitai à haute voix le *Pater* et l'*Ave Maria*, et dis adieu, en notre nom à tous, à celui qui, parti de France avec nous, nous quittait avant l'heure pour le pays du repos éternel. Prévenu très tard par le commandant Pédoya, j'ai dit ce qui me venait du cœur aux lèvres. Il paraît que c'était bien, car le commandant et les camarades pleuraient, moi aussi, du reste. Et nous avons regagné Lala tristement, en jetant, avant d'entrer dans l'oasis, un dernier regard à ce petit cimetière français où les croix de bois noir s'alignent nombreuses, hélas! ayant pour les commander, de place en place, les croix de pierre des officiers. Oh! ils seront tout formés pour la Revue, au jour de la Résurrection, les petits troupiers de France dormant au cimetière de Gafsa.

Le commandant a mis à l'ordre ce qui suit :
« Le Chef de Bataillon remercie, au nom de
« tous, le sergent-major Céalis pour les bonnes
« paroles qu'il a prononcées sur la tombe du
« sergent Pénard. »

Tristes sont les nouvelles que je vous donne,

parce que tristes aussi sont les événements.
Mais ne craignez rien pour moi. Le moral est
bon, le reste doit suivre. Jusqu'ici, je me porte
très bien.

Camp de Lala, le 1ᵉʳ août.

Le panorama qui s'étend autour du camp est
fort agréable. A l'ouest, la masse verte de l'oasis
de Gafsa et la ville qui s'estompent légèrement
à cette heure matinale dans une brume bleue.
A l'est, et près de nous l'oasis de Lala très fournie en oliviers au feuillage gris argent et en palmiers, dressant fièrement leur tête empanachée
sur de longues tiges droites. Au milieu même
des arbres, les maisons du village, qui se voient
très blanches à travers les éclaircies du feuillage.
Au sud, la plaine, nue, aride, immense, fermée
à l'horizon par le Djebel-Morrid, haute chaîne
de montagnes, qui étage ses solides assises de
rocs aux tons changeant avec les différentes
heures du jour. Au nord, un vallonnement con-

tinu fait ressembler le sol à une mer dont les vagues seraient immobilisées. Nous vivons dans ce paysage, tres seuls; ravitaillés par des convois quotidiens venant de Gafsa. On se lève de bonne heure, on travaille aux heures fraîches, on dort dans l'oasis aux heures chaudes, et les jours passent, réguliers, monotones, ennuyeux.

Camp de Lala, le 8 août.

Le commandant Pédoya est parti en permission et doit être à Paris. Mon capitaine a pris le commandement du bataillon et du camp.

Les Arabes sont en plein Ramadan; tout le jour, immobilité, silence, jeûne. A peine le soleil disparu derrière l'oasis de Gafsa, un coup de feu retentit, et, alors, ce sont des cris de joie, des chants, des détonations, des concerts de tambourins et de flûtes, des festins qui se prolongent très avant dans la nuit. Du camp, nous les voyons s'agiter dans l'oasis, où se passent ces bruyantes cérémonies nocturnes. Ah! qu'il a bien fait, Mahomet, de remplacer le jour par la nuit pendant la période la plus chaude de l'année. Car, enfin, ce n'est pas autre chose le Ramadan. Tant que le soleil est sur l'horizon, la vie est suspendue, et elle ne reprend plus intense qu'à son coucher. L'état sanitaire du bataillon s'est amélioré. Il y a encore quelques cas de dyssenterie, mais la proportion des malades a largement diminué. A Gafsa, par contre, ça ne va pas. L'hôpital est toujours plein, malgré les évacuations sur... le cimetière.

Nous avons construit, en avant de notre tente, un gourbi de palmes et de joncs entrelacés du plus pittoresque effet, et le soir, à dîner, avec la lanterne sur la table, on peut se croire sous un bosquet de Saint-Cloud ou de Meudon, surtout maintenant que le Arabes, ramadanisant, jouent du tambour et de la flûte, chantent et tirent des coups de fusils. En se levant de table, on est tenté de dire : et maintenant, allons à la foire. N'ayant d'autre préoccupation que la table, nous nous soignons bien. Tout notre prêt y passe. Et le chef de cuisine se distingue pour de bon. Voici quelques menus à titre documentaire :

MENU DU DÉJEUNER DU DIMANCHE 6 AOUT

Melon blanc.
Œufs au jambon.
Poularde de Lala rôtie.
Salade de pourpier.
Aubergines frites.
Gâteau de riz au chocolat.
Dessert. — Fromage. — Figues de barbarie.
Café. — Cognac.

Nous avions ce jour-là un camarade du 110e de ligne à déjeuner.

MENU DU DÉJEUNER DU LUNDI 7 AOUT

Pastèque.
Porc frais aux tomates.
Rognons moutons brochettes.
Salade de pourpier.
Aubergines farcies.
Fromages. — Grenades.
Café. — Cognac.

Nous nous mettons à table à dix heures du matin, et, ma foi, notre couvert a fort bonne mine. Assiettes, plats, cuillers et fourchettes sont en fer battu étamé et brillant comme de l'argent. Le tout repose sur une toile de tente bien propre. Tamisé par la tonnelle, le soleil miroite sur les étains du service, sur les verres et les carafes et pare de diamants étincelants notre pauvre petite table de campagne.

Camp de Lala, le 15 août.

Je viens de lire dans le *Petit Journal* l'article consacré par M. Escoffier à la distribution des prix de Charlemagne, présidée par le général Pittié et à la cérémonie des funérailles de notre pauvre sergent Pénard. Je suis très touché de l'honneur que m'a fait l'ami Thomas Grimm, honneur tout à fait inattendu. Ici, au camp, certain vieil adjudant grincheux prononcera bien le mot de « fumisterie ». Mais peu importe, j'ai fait ce que je devais faire, je vous l'ai écrit, le reste ne me regarde plus. Seulement, pour l'avenir, priez M. Henri de ne plus me nommer.

Lorsque dans mes lettres il trouvera un fait intéressant pour ses lecteurs, qu'il le prenne, je le lui donne. Mais que mon nom ne paraisse pas. Je suis si peu de chose qu'il ne faut pas me donner là-bas trop d'importance et m'attirer ici la jalousie des envieux.

Camp de Lala, le 25 août.

La maladie revient au galop, ce n'est pas étonnant, car la chaleur augmente encore. Sur les sept sous-officiers de ma compagnie, j'ai mon fourrier à l'hôpital, l'adjudant et deux sergents malades sous la tente, j'assure donc tout le service et la comptabilité avec deux sergents. A nous trois, nous faisons parfois de tristes réflexions et sentons s'affaiblir notre entrain et notre gaieté. Mais, franchement, ce n'est pas drôle de vivre avec la perspective continuelle de la maladie et de la mort, sans une seule distraction à ce funèbre objectif.

Avec ça, on ne fait rien pour nous encourager.

Nous avons l'air d'être oubliés de tous au bout du monde. Ni proposition, ni nomination, ni croix, ni médailles. Rien. Et pourtant, combien ces petits hochets de la gloire nous feraient plaisir. Comme ils nous donneraient du courage pour supporter les souffrances qui nous sont infligées. A l'occasion du 14 Juillet, il y a eu deux médailles militaires pour la subdivision de Gafsa : deux médailles pour 3.000 hommes qui souffrent au désert et endurent mille maux pour le Pays.

Quant à l'avancement, il ne faut pas y penser. Nous sommes trop loin du colonel, puisque par un raffinement d'organisation tout à fait génial, c'est notre colonel de Guingamp, oui, de Guingamp, qui doit faire les nominations. Que fait-on, en Bretagne, quand une vacance se produit ici? on nous envoie un gradé de la portion centrale. C'est très simple, mais décourageant pour nous tous. Même pour nos grands chefs, qui ne peuvent pas récompenser de suite, comme ils le voudraient, leurs subordonnés. Même chose pour Saint-Maixent. Malgré le général Étienne, je n'ai pas été proposé l'an dernier, et je ne le serai pas encore cette année, puisqu'il n'y a pas de concours pour les troupes de Tunisie; mais nous aurons la consolation d'apprendre qu'un jeune sergent de la portion centrale a été reçu brillamment. L'honneur de souffrir, c'est notre part; les grades, l'avancement, les décorations, c'est pour Guingamp. On ne peut pas tout avoir.

Camp de Lala, le 27 août.

Quelques nouvelles de Gafsa. Un aumônier nous est arrivé. C'est M. l'abbé Meilhac. L'état sanitaire va lui donner beaucoup d'ouvrage.

Hier, nous avons enterré deux sous-officiers du même bataillon (110e de ligne). Le colonel a dit sur leur tombe quelques mots émus, dont voici le sens, sinon le texte : « Dans la carrière « des armes, on meurt beaucoup; on a toujours « la mort devant soi, souvent par le feu, bien « plus souvent, hélas! par la maladie. Sachez « bien que la mort du soldat, au lit d'hôpital,

« est aussi glorieuse que la mort au champ de
« bataille. En effet, ne luttons-nous pas, lutte
« inégale s'il en fut, avec ce grand ennemi : le
« soleil. On écrira à la famille de ces deux
« braves et malheureux sous-officiers, qu'ils
« sont morts en faisant jusqu'au bout leur de-
« voir, et cette idée sera la suprême consolation
« de ceux qu'ils laissent là-bas et que leur mort
« prématurée va plonger dans le désespoir. »

Tous les sous-officiers suivaient les deux cercueils, couverts de fleurs et de palmes. A sept heures du soir, la triste cérémonie était terminée, et le cimetière de Sidi-Mansour retombait dans le calme. Nous regagnons tristement Lala à travers l'oasis, tandis que le muezzin de la mosquée de Gafsa lance de sa voix claire le long et plaintif appel à la prière du soir.

Camp de Lala, le 31 août.

Le 48e vient encore d'avoir l'honneur de faire parler la poudre, depuis si longtemps muette.

Le 29, à minuit, le camp dormait d'un sommeil profond, lorsque nous fûmes réveillés en sursaut par ces mots toujours sinistres, la nuit : « Tout le monde aux faisceaux! » Je me lève en hâte, je m'équipe — et n'ai que le temps de remplir mon petit bidon d'eau. A peine formés sur le front de bandière, on fait l'appel. Tout le monde est présent. « Par le flanc droit, marche! » Ma compagnie et celle du capitaine Siffert partent à ce commandement; les deux autres restent à la garde du camp..... Nous marchons. Le capitaine Morati dirige la pointe d'avant-garde avec un cavalier indigène. La lune éclaire devant nous la plaine longue, grise, sablonneuse. Nous allons dans la direction du Djebel-Morid, au sud du camp. Deux heures du matin; nous nous arrêtons à l'abri d'un bouquet de tamaris. Silence absolu, complet, que rien ne trouble... On place des petits postes. Nous nous étendons sur le sable humide et nous nous disposons à passer le moins mal possible ce qui nous reste de nuit, croyant bien, comme toujours, que nous ne verrons rien, et rentrerons bredouilles. Trois heures..., puis quatre heures. Le soleil se lève, nous en faisons autant. Alerte! une trentaine de cavaliers arrivent au galop sur notre gauche ; derrière, le soleil les éclaire vivement ; on dirait qu'attelés à son char ils le traînent hors de l'Orient. Ce sont des amis, les cavaliers du mahgsen de Gafsa, au burnous bleu, commandés par un officier de l'état-major de la place. Ils n'ont rien vu ; ont laissé en observation une partie des leurs, et nous donnent l'ordre de marcher en avant et de nous arrêter à quatre kilomètres, sur la rive d'un ouëd desséché.

En route! Vers six heures et demie, nous arrivons à l'ouëd. Cette fois, nous ne croyons plus à l'ennemi ; mais l'estomac creux bat la chamade. Nous nous déployons en tirailleurs, et le capitaine nous prévient que nous devons attendre là de nouveaux ordres. Nous étions seuls, couchés sur le sable, dissimulés par de maigres tamaris, tout le long de la berge de l'ouëd dont le lit forme devant nous une large avenue à fond de pierres. Le soleil, haut déjà, chauffait dur ; nous commencions à trouver longue la faction, quand tout à coup trois coups de feu sont tirés sur notre gauche. Le commandement de : « Garde à vous! » retentit, puis : « Apprêtez armes ! » et : « Chargez! » Les mouvements sont exécutés en moins de temps qu'il n'en faut pour l'écrire, et nous voyons devant nous, fuyant à toutes brides vers Gafsa, les cavaliers arabes laissés en observation par l'officier d'état-major. Nous restons immobiles. Derrière eux, à trois cents mètres, une bande de deux cents cavaliers environ, le moukala en bandoulière, le coutelas à la main, hurlant, poussant droit leurs chevaux dans un galop frénétique, sûrs de la victoire; acharnés à leur proie, ils ne nous voient pas, et arrivent, trombe de chevaux, d'hommes et de burnous agités et claquant au vent. « Feu rapide!! » hurle le capitaine, dominant le bruit. La berge se couronne de feux, un crépitement formidable suivi de mille cris de terreur et de douleur, une fumée épaisse et âcre..... « Cessez le feu, et à la baïonnette! » crie la voix qui commande. Les clairons sonnent la charge et nous nous élançons dans le lit de la rivière... Mais les Arabes sont déjà loin, hors de la portée de nos fusils, et nous nous heurtons à une quarantaine de malheureux, horriblement mutilés par nos décharges, qui gisent morts ou mourants, sous leurs chevaux blessés ou tués. Tous sont touchés à la tête. Ah! si nous avions eu avec nous les escadrons de notre vieux 6ᵉ de hussards, pas un n'échappait, et c'était un beau coup de filet. Mais que peuvent faire cent hommes d'infanterie contre deux cents cavaliers montés comme ces gars-là, et qui fuient? Rien; c'est ce que nous fîmes. On resta sur la position, prêts à tout événement et attendant des ordres. Vers neuf heures arrivent le colonel Freyermouth et son escorte. Il nous félicite du résultat sérieux de l'engagement, et s'emporte contre la cavalerie, qui est la cause de la disparition de ces bandits, étant rentrée dès cinq heures du matin à Gafsa, prétextant qu'elle n'avait rien vu. Puis, s'échauffant peu à peu, le père Vermouth s'écrie: « Il nous les faut, ils sont dans la montagne, allons les chercher! En avant!! » Il prend la tête de colonne et nous voilà repartis. Nous escaladons les premiers contreforts du Djebel-Morid. Arrivés au sommet, le colonel nous fait voir un long serpent noir s'engageant dans un défilé, à plusieurs kilomètres au sud... C'étaient nos Arabes. Poursuivre serait de la folie. Nous marchons en arrière. Il est onze heures. Le retour est pénible avec le soleil qui nous brûle, le sable qui remplit nos souliers, et l'estomac qui se contracte par ce jeûne prolongé. A deux heures seulement nous étions au camp.

Qu'elle était bonne la soupe qu'on nous avait préparée! Qu'elle était savoureuse l'eau claire de la source! Et qu'elle était fraîche l'ombre de l'oasis où le reste du jour se passa en un repos mérité?

Maintenant que vous avez eu mes impressions, voici, pour l'histoire officielle de la campagne de Tunisie, le récit de cette petite affaire :

« Un djigg de trois cents Hammamas dissi-
« dents, venus aux environs de Gafsa pour
« enlever les chameaux qui ravitaillent la place
« en bois et en vivres, ont été surpris par deux
« compagnies du 48ᵉ. Après avoir essuyé notre
« feu et subi des pertes importantes, les dissi-
« dents se sont enfuis vers le Sud, et ont pu

« s'échapper, faute de cavalerie pour les pour-
« suivre. »

Camp de Gafsa, le 14 septembre.

Nous sommes de retour à Gafsa. Rien n'est changé, puisqu'il n'y avait rien quand nous sommes partis et qu'il n'y a pas davantage aujourd'hui. J'ai retrouvé ma chambre souterraine : bouchez-vous le nez. Quelles écuries d'Augias, et quel malheur de ne pouvoir, comme Hercule, détourner le lit d'un fleuve pour les nettoyer ! Une corvée de quatre hommes armés de pelles remplacera le fleuve absent ; puis, avec une bonne couche de lait de chaux sur les murs, je pourrai dans deux jours me réinstaller à l'abri du soleil, de la poussière et du vent. Le commandant Pédoya est revenu de permission. Ce retour nous a fait plaisir. En effet, mon brave capitaine manquait de l'autorité nécessaire à un chef de corps. Tout marchait un peu à la diable. Chaque commandant de compagnie tirant à lui la couverture. Enfin, nous allons sentir la main du chef, et il n'y a rien de bon comme ça, en campagne ; car c'est le bon chef qui fait les bons soldats. Nous avons pleine confiance dans le commandant Pédoya, qui est sévère, mais sait commander. Et nous dormons plus tranquilles quand nous le sentons parmi nous. Nous avons retrouvé à Gafsa le même soleil et le même vent furieux. J'ai peur que les mêmes causes ramènent les mêmes effets. On distribue du thé et des boissons rafraîchissantes. L'ordinaire est l'objet de soins particuliers. Enfin le ministre de la guerre, général Billot, après avoir soin du corps, soigne l'âme, et a fait nommer un aumônier militaire protestant, qui, de concert avec l'aumônier catholique, s'occupe des malades et des morts.

Voilà la vraie façon de pratiquer la liberté de conscience.

Camp de Gafsa, le 16 septembre.

Pour la première fois à Gafsa, les tambours se sont fait entendre ce soir à la retraite. Encore un bon point au général Billot qui nous a rendu les tambours. Lorsque le roulement de pied ferme, avant la marche, se fit entendre, un immense hourrah sortit de la bouche de tous les soldats massés sur le front de bandière autour des tapins. Nous avions le cœur remué par ce vieux grondement très sonore, frère du canon, frère du tonnerre, que nous n'entendions plus depuis deux ans. Les bleus ouvraient de grands yeux et écoutaient étonnés, les anciens dansaient de joie. Les officiers, émus, n'ont rien dit contre cette petite manifestation anti-Farrienne. Le tambour est le plus militaire symbole de l'armée.

Camp de Gafsa, le 19 septembre.

Décidément les Arabes ne veulent pas rester tranquilles. Hier à cinq heures du matin, alerte au camp. La générale bat; le tam-tam retentit dans les rues de la ville, les hussards, vite en selle, partent au grand galop vers le nord. Bientôt le 110ᵉ d'infanterie les suit, puis enfin le 48ᵉ escortant l'artillerie : une sortie en règle. Voici ce qui s'était passé. La veille au soir, un convoi, conduit par deux compagnies du 43ᵉ, avait été surpris à deux étapes de Gafsa au moment d'établir son camp, et s'était laissé enlever 150 chameaux. La nouvelle avait été portée à Gafsa par un cavalier indigène qui ajoutait que les dissidents, repoussés par les soldats du 43ᵉ, avaient été aperçus par lui à 4 kilomètres de Gafsa, en train de piller un grand convoi de farine qui venait de Tebessa. C'est alors que le colonel nous fit tous partir dans l'ordre indiqué ci-dessus. De son côté, le gouvernement de Gafsa avait fait prendre les armes à l'armée beylicale qui marchait à nos côtés, en tumulte, et poussant de grands cris. Au bout d'une heure de marche, le colonel fait retourner à Gafsa le 110ᵉ et l'artillerie, nous fait faire halte et nous donne la consigne d'attendre le convoi et la cavalerie qui a été à sa rencontre. Nous attendons l'arme au pied, sous le soleil, et pas plus d'ombre que sur la place de la Concorde. Enfin vers midi, le convoi débouche du défilé, devant nous, immense, formé de 800 chameaux chargés de farine et de vin; les conducteurs indigènes de Tebessa se sont vaillamment défendus contre les dissidents. Ils n'ont perdu que 20 chameaux. Nous prenons la queue du convoi que les hussards précèdent et encadrent. Au camp, nous trouvons un bon gigot de mouton, du vin et du thé qui nous attendaient, un bon somme par là-dessus, et à cinq heures nous sommes prêts à recommencer.

Camp de Gafsa, le 25 septembre.

Nous revenons d'escorte de convoi. Petite promenade charmante de quatre jours.

Premier jour : 20 septembre à quatre heures, départ. Traversée de l'oasis par nuit noire. A cinq heures et demie, lever du soleil dans la plaine caillouteuse qui sépare l'oasis de Gafsa de celle de Lala. La route contourne cette dernière et côtoie au sud de hautes montagnes. Au nord, la plaine, large, sans arbre, sans verdure. Lac immobile de sable que le mirage semble remplir d'eau bleue. Vers neuf heures, nous commençons à apercevoir une bande noire à l'horizon ; la bande noire se divise, se brise, prend des formes encore indécises qui deviennent bientôt des palmiers, des oliviers ombrageant des maisons basses groupées autour d'un minaret. Nous sommes à El-Guétar. Le camp est posé dans une clairière de l'oasis. Un ruisseau d'eau claire le traverse. Fatigués, nous nous contentons de boire, de manger et de dormir, puis basta, comme disent les Arabes.

Deuxième jour : 21 septembre. — A cinq heures et demie, au petit jour, départ pour Bou-Ameran, 15 kilomètres. Au début, route sur plaine très pierreuse, puis nous laissons à droite la route de Gabès et nous piquons sur un défilé que l'on aperçoit déjà, large fente noire dans la montagne bleue. A huit heures, nous franchissons le défilé. Durant 6 kilomètres nous marchons entre deux hautes murailles à pic, très nues, de pierres grises. Le sol est raviné, bouleversé comme par un tremblement de terre. Ce ne sont que replis de terrain, lits de torrents, étroites crevasses, le tout semé de cailloux, de pierres, de rochers. Tout le monde se paye des billets de parterre, moins cher qu'au bureau, et de beaux rires sonnent très clairs, répétés à l'infini par les multiples échos de la montagne. Les mulets et les chevaux, conduits en laisse, glissent à chaque pas. Seuls, messieurs les chameaux s'avancent gravement, posant bien à plat leurs larges pieds, et aussi tranquilles sur ces rocs que nous sur le pavage en bois du boulevard Montmartre.

Peu à peu, le défilé s'élargit, puis la muraille de droite s'écarte brusquement, filant vers le sud en offrant à nos yeux une grande et belle vallée toute verte de champs de maïs et d'orge, d'oliviers et de figuiers. Nous cherchions le village dans cette belle verdure, lorsque, levant la tête, nous apercevons sur le sommet d'un roc, à pic, nid d'aigle ou de seigneur féodal, un groupe de cubes de pierre, enfermés dans une triple muraille. Des femmes courbées sous des outres pleines d'eau, montent et descendent un sentier escarpé au flanc du rocher. Sur les terrasses, des hommes nous regardent, immobiles, sur leur piédestal de 200 mètres. Pourquoi diable, ces sauvages là ont-ils construit leurs bicoques là-haut, alors qu'ils seraient si bien dans la plaine. C'est que le pays est infesté de maraudeurs et de bandits et qu'au moins sur son pic inaccessible Bou-Ameran peut dormir tranquille. Et puis, qu'importe à l'Arabe qu'il soit loin de tout, loin de l'eau, loin du bois, loin de ses champs. La femme et le bourriquot ne sont-ils pas là pour servir, esclaves soumis, leur impassible maître.

Gafsa, le 29 septembre.

Une nouvelle alerte et une exécution militaire, voilà un peu de nouveau. Commençons par l'alerte. Cette nuit, à onze heures, le camp fut réveillé en sursaut par des coups de feu tirés du côtés d'El-Lala. La cavalerie file d'abord, bientôt suivie de deux compagnies du 46e. Nous n'avons pas bougé, ma compagnie étant restée seule au camp, et les trois autres étant en escorte ue convoi sur Gabès et très occupées, comme vous l'allez voir. A huit heures du matin, les troupes rentraient, elles n'avaient rien vu. Seulement un hussard, revenant de porter des ordres, traversait l'oasis lorsqu'il rencontra un Arabe armé, cheminant seul. Le hussard, pour plaisanter, lui dit : « Toi Hammama! » C'est le nom que donnent les troupiers à tous les dissidents. « Macach! » répondit sèchement l'Arabe. « Toi venir chez le colonel, fissa, fissa (vite, vite) », reprit le hussard qui s'approcha. A ce mot de colonel et devant le geste qui le suit, l'Arabe fait une volte rapide et pique des deux dans la plaine. Le hussard, surpris d'abord, suit le mouvement et s'élance derrière lui. Mais il est bientôt distancé. A ce moment, un détachement de spahis, rentrant de la sortie, arrivait en sens inverse; le chef comprend ce dont il s'agit, il fait déployer son monde en fourrageurs, la route est barrée et notre fuyard est cueilli délicatement, désarmé et conduit à la Casbah de Gafsa.

Pendant que ces faits se passaient, les trois compagnies du 48e, campées pour la nuit dans l'oasis d'El-Guétar, étaient attaquées vers minuit par des cavaliers, qui surprirent un petit poste, tuèrent la sentinelle, blessèrent deux soldats et enlevèrent les fusils et fourniments. Les soldats du camp accoururent à moitié vêtus, l'ennemi fut repoussé par une décharge au hasard qui ne lui fit aucun mal, et disparut dans le noir. Voilà qui est grave, très grave, car, en même temps que la nouvelle de cette surprise... nous apprenons que les deux blessés aussitôt guéris, passeront en conseil de guerre avec le chef du petit poste. Il y va de la peine de mort.

Guerre pour rire, disent les informateurs et reporters de journaux; je voudrais les y voir pendant huit jours.

Passons maintenant à l'exécution. Aussitôt le prisonnier arabe de ce matin enfermé à la Casbah, la cour martiale se réunit. On prouva que l'Arabe n'était qu'un émissaire des dissidents qui avaient attaqué le 48e, mais émissaire pour qui? il fut impossible de le savoir. A l'unanimité, il est condamné à mort, et l'exécution est fixée à six heures du soir. Il est quatre heures. La nouvelle se répand vite dans la ville et dans le camp. Les Juifs, très surexcités contre le condamné et trouvant là un prétexte pour manifester leur attachement à la France, se pressent à étouffer, afin de mieux voir. Les Arabes très nombreux sont assis sur les talons, impassibles; on ne lit rien sur leurs visages calmes. Les officiers et les soldats, non commandés pour la parade, forment le reste des spectateurs. Tout ce monde crie, rit, fume, comme dans l'attente d'un amusant spectacle, joie sinistre quand on pense au drame qui va se jouer. L'endroit choisi pour l'exécution est un creux formé par la montagne, sorte de petit golfe dans la falaise qui borde la mer de sable où nous campons. Au sommet de la colline qui surplombe, la petite garnison de la redoute n° 1 s'étage, désireuse, elle aussi, de voir tuer un homme.

Le bataillon du 110e en entier assiste en armes à l'exécution, ainsi que des détachements de toutes les armes. Le peloton est composé des quatre plus anciens sergents, des quatre plus anciens caporaux et des quatre plus anciens premiers soldats de la garnison, commandés par le plus ancien adjudant. Toutes les troupes sont sous le commandement du chef de bataillon Godard, du 110ᵉ de ligne. Il est six heures, un roulement de tambour. Toutes les têtes se lèvent. C'est le cortège qui sort de la Casbah. En tête, quatre hussards, le sabre au clair, font ranger la foule et sont suivis d'une section d'infanterie, du fanion tricolore, des tambours et clairons; puis, entre deux gendarmes, le prisonnier; et enfin derrière, une autre section de fantassins; sur les flancs, des cavaliers en file encadrent le cortège. Un millier d'Arabes suivent, en silence. Un arrêt se produit dans la marche. On entend, très claire, dominant le bruit des tambours, la voix du muezzin appelant à la prière. Le prisonnier tombe à genoux et se prosterne du côté de l'orient. Tous les Arabes l'imitent. Le soleil est couché; les tambours se taisent; un grand silence plane, solennel, sous le chant très doux dont les notes pieuses s'égrènent cristallines... Le commandant Godard, impatienté, crie : « *En avant!* » la marche est reprise. Je regarde le prisonnier. C'est un homme de vingt-cinq à trente ans, grand, fort, complètement rasé. Il porte la tête haute, et s'avance, vêtu seulement d'une gandourah blanche, la chechia sans turban sur la tête, pieds nus. Les grains d'un chapelet roulent entre les doigts de ses mains liées, il regarde droit devant lui, indifférent. Le cortège est arrivé sur la place de l'exécution. Les troupes forment un grand carré hérissé de baïonnettes; au centre, les tambours et clairons; derrière, la foule, très mêlée, un peu houleuse. Formant un groupe en avant, le commandant, l'adjudant greffier, l'interprète, le peloton d'exécution; et tout près de la colline, entre les deux gendarmes, le patient. Les clairons sonnent : « Garde à vous! » Les troupes portent les armes. Au bruit, l'homme a un brusque haut-le-corps..... Il reprend son impassibilité.

« Présentez armes! » Le greffier lit d'une voix forte le jugement qui condamne Mohammed ben Mohammed, rebelle à main armée, à la peine de mort. L'interprète s'approche du malheureux et lui demande s'il n'a besoin de rien. « De l'eau, » répond-il. On lui apporte une cruche ; un gendarme le fait boire. Après avoir bu, il se met à crier à pleins poumons des mots arabes. On répond dans la foule. Les gendarmes le font taire. Il se tait, et se met à psalmodier d'une voix basse et monocorde une sorte de chant funèbre où les mots : Allah! Mohamed! reviennent souvent. Il prie. Encore une révolte, la dernière, lorsqu'on lui bande les yeux. Les gendarmes le mettent à genoux de force, puis disparaissent vite. Une seconde de silence lourd et les tambours battent aux champs ; l'adjudant laisse retomber son sabre : une détonation formidable que l'écho répète en sourd roulement — et une masse blanche tombe dans un nuage bleuté. Le médecin de jour s'approche : Il est mort, le coup de grâce est évité. Les troupes se massent et défilent, musique en tête, devant le mort, loque blanche que par place tache un sang rouge.

Et maintenant quels vont être les résultats de cette pompeuse exécution ? On prétend que cela va influencer et terrifier les Arabes. Je n'en crois rien.

Pour les Arabes, le fusillé d'aujourd'hui est devenu un héros, un saint, un martyr auquel on va faire de pieuses funérailles, et que Mahomet vient d'accueillir en son paradis. Pourquoi traitons-nous les Arabes en civilisés, pourquoi ne pas punir comme ils le méritent ces bandits ? Il fallait couper la tête de Mohammed ben Mohammed, et suspendre son corps décapité aux créneaux de la Casbah. Et cela, sans la pompe théâtrale déployée bien à tort, qui poétise d'abord, et immortalise ensuite la victime. Les Arabes n'auraient pas alors songé à faire un saint de cet homme décapité, et rejeté, par suite, du paradis, du séjour des houris, puisque après sa mort Mahomet n'aurait pu l'élever jusqu'à lui, par la mèche du sommet de la tête. Sûrs d'un tel châtiment dans cette vie, et surtout dans l'autre, les Arabes réfléchiraient à deux fois avant de prendre un fusil ou d'aiguiser un couteau, pour assassiner nos petits soldats de France, trop confiants.

Gafsa, le 7 octobre.

On dit que nous devons partir dans quelques jours pour escorter deux ingénieurs, chargés de l'étude du tracé d'un chemin de fer appelé à relier Tebessa à la mer. Les uns voudraient Gabès comme point terminus. D'autres, et nos ingénieurs sont de ceux-là, préféreraient Maharès, petit port d'un accès plus facile, entre Sfax et Gabès. Le projet par Gabès est connu. L'autre tracé n'existe pas. Voilà pourquoi nous partirions, marchant sur Maharès, et relevant la route, où, dans cinq ans, dit-on, un chemin de fer rendra la traversée du désert aussi facile que celle de la Normandie.

Quand on prend de l'ingénieur, on n'en saurait trop prendre. Il y en a un troisième à Gafsa. Celui-là, c'est un hydraulicien, charmant homme, mais un peu maboul. Il vient étudier le pays pour chercher les moyens de rendre cultivables tous ces vastes déserts, en amenant à la surface du sol l'eau qui est en dessous. C'est aussi simple que ça, en théorie : et tous les ingénieurs hydrauliciens et autres sont toujours très forts en théorie sur le papier. Comme c'est beau, tout ce qu'on fait sur le papier — et surtout comme ça donne peu de peine !

Ce brave homme a encore une autre idée

fixe, empruntée aux beaux temps de l'histoire romaine : le soldat colon. Il est évident que le soldat restant au service, se mariant, recevant une concession de terre, une mise de fonds, pour les premiers frais, et devenant propriétaire terrien, producteur agricole, serait le colon idéal, défendant lui-même, si besoin était, sa terre, sa colonie. Mais maître Pioupiou ne veut pas de ça. Ce qu'il veut, c'est rentrer en France, il aime mieux y crever de faim, que regorger ici de bien-être. C'est que c'est un si riant pays que le pays de France!... Parbleu! nous savons nous expatrier, s'il le faut; mais nous ne disons pas adieu au pays, comme l'Anglais ou l'Allemand, nous lui disons : *au revoir!!* et la corvée finie ou la fortune faite, on y revient bien vite, bien vite, au pays.....

J'ai peur que les théories de notre hydraulicien sur les puits artésiens ou sur les vétérans-colons ne sortent jamais du domaine des rêves.

Gafsa, le 11 octobre.

Je suis si bien sous terre que j'ai fait creuser une seconde grotte pour le bureau de ma compagnie. Mon fourrier y couche avec la comptabilité dont je me suis séparé. J'en ai profité pour me faire une installation de toilette à l'anglaise ; et puis ensuite, une troisième caverne, très grande, avec un banc et des étagères taillés en pleine terre. C'est notre salle à manger, éclairée le soir par un lustre en boîtes de conserves découpées.....

Gafsa, le 15 octobre.

Avant-hier, les sous-officiers de ma compagnie m'ont souhaité ma fête. Toute la journée du 13, j'avais été fort occupé, et j'étais loin de penser à la Saint-Édouard. A cinq heures et demie, j'étais encore en train de travailler sur ma feuille de journées, lorsque l'ordonnance, qui nous sert à table, vint me chercher au bureau et me dit : « Major, l'adjudant vous attend pour prendre l'absinthe. » Je sortis de chez moi et me dirigeai vers notre salle à manger, devant laquelle sous une vérandah de palmes nous avons l'habitude de prendre le frais. Là, tous les sous-officiers de ma compagnie et les sergents-majors du bataillon se trouvent réunis. L'adjudant vint au-devant de moi et me dit : « Mon cher Céalis, recevez nos vœux de bonne fête et nos meilleurs souhaits », nous échangeons une énergique poignée de mains plus éloquente qu'un discours. Nous étions dix. A six heures et demie, la nuit était arrivée; l'ordonnance, la serviette sous le bras, annonça comme tous les soirs « les sous-officiers sont servis ! » La portière est relevée et nous entrons dans la grotte qui, brillamment illuminée, resplendit. Partout des cartouches avec le nom des victoires du 48ᵉ entourés de feuillages de palmiers, d'oliviers et de grenadiers. Au fond, à ma place, une grande guirlande de lauriers-roses encadre un chef-d'œuvre calligraphique : « Vive la Saint-Édouard ! » Sur la table, la nappe bien blanche, la vaisselle, les verres, les carafes miroitent gaiement sous la lumière des bougies du lustre et des appliques enguirlandées. On s'asseoit, tandis que David, mon fidèle breton, aide le garçon de table en ce jour solennel. Devant chaque convive le

Menu du Diner du 13 octobre

Potage :
Purée de pois Sidi-el-Hani.

Hors-d'œuvre :
Saucisson d'âne. — Olives de Sousse.
Radis de l'Oasis.

Entrées :
Cervelles à la Kairouan.
Filets de bœuf à la Tunisienne.

Rôts :
Chapon d'El-Lala.

Entremets :
Petits pois à la Française.
Beignets de coings.

Dessert.

Vins :

Madère de Ténériffe. — Administration 1res côtes.
Saint-Estèphe. — Champagne Mercier.

Café. — Cognac. — Fine Grévy.
Liqueurs.

Tout cela fut mangé et bu de grand appétit, assaisonné de beaucoup de gaieté. L'adjudant me porta le premier toast. Je portai le second au pays, le troisième à nos chers absents! Après le café, ce fut le tour de la bière, des cigares, de la cigarette, de la pipe... les adjudants du bataillon étaient venus passer la soirée avec nous apportant un nouvel élément de gaieté. On chanta un peu... on causa et on rit beaucoup. A onze heures, chacun regagna sa tente. Le Français ne peut se passer de fêtes, de réunions joyeuses... du milieu des difficultés matérielles de toutes sortes il fait jaillir la gaieté... le rire. Et ce soir de fête, on a bien ri... on a tellement ri que le capitaine Morati, qui loge dans une grotte voisine de la nôtre, me demandait le lendemain matin ce qui s'était passé chez mes sous-officiers. Je lui appris qu'on m'avait souhaité ma fête, et je plaidais déjà l'indulgence, quand il m'interrompit en riant... « Et bien, je vous la souhaite aussi, bonne et heureuse ! »

Gafsa, le 17 octobre.

Il existe un endroit à Gafsa dont je ne vous ai pas encore parlé : c'est la piscine que les soldats, simplistes, appellent la baignade. C'est dans la rue du Kébir, près de l'hôpital. Sur la rue, on ne voit qu'un grand mur, au bout du mur, une porte en bois. C'est là. L'eau bleue, très calme, avec au milieu un imperceptible bouillonnement produit par la source, apparaît limpide, claire, laissant voir un fond de sable laiteux. La piscine est entourée de trois côtés par des murs recouverts de stuc et de carreaux de faïence vernissée bleue qui se reflètent gaiement dans le miroir transparent. Les arbres de l'oasis forment le fond du décor ; de ce côté, par un petit canal de pierre s'écoule le trop plein, vers les jardins. Nous nous baignons trois fois par semaine. Nous profitons des heures désertes du soir ou de la matinée pour éviter la foule, et nous nous offrons ainsi le grand luxe d'un bain dans la solitude exquise de ce coin d'orient tout frais et tout vert. L'eau n'est jamais froide, elle sort tiède de la terre, et c'est exquis alors que le soleil se couche tout rouge, ou qu'il se lève tout rose, mettant une lueur d'or à la cime des palmiers ou au campanile du minaret, de s'enfoncer dans cette eau limpide, douce, très pure qui vous habille voluptueusement de sa fluide robe de saphir. Et très chastes, sans rien regarder, semblant ne rien voir, des femmes arabes viennent, le menton et le front voilés, en longues robes de cotonnade bleue flottantes, la cruche de cuivre à l'épaule, elles descendent lentes, de leurs pieds nus très bruns, où brillent aux chevilles des anneaux d'argent, les marches faites de débris de marbre, de fûts brisés de colonnes, de chapiteaux de granit, que l'eau bleue effleure. Les cruches sont remplies, et elles remontent plus lentes encore par la charge, disparaissant une à une, très chastes, par la petite porte.

Gafsa, le 20 octobre.

Le froid est arrivé, et ce matin à six heures, nous n'avions que 13° de chaleur. Aux bains, j'ai fait l'autre jour une remarque caractéristique. Tous les troupiers, sans exception, ont une longue tache violacée rouge, sur le côté externe des cuisses, des hanches aux genoux. C'est la marque du moelleux de nos sommiers. C'est que voilà quatorze mois qu'on couche sur la terre. Ils appellent gaiement cette plaque : la médaille de la campagne de Tunisie.

Gafsa, le 24 octobre.

Après une absence de trois jours, nous rentrons. Le courrier nous attendait. Je prends mes lettres. La vôtre est bordée de noir. Vite, je décachète et je lis, atterré. Grand-père est mort. Grand-père que j'ai quitté en mai si bien portant et qui m'a dit gaiement: « au revoir! » Il est mort, et je lis les détails... la mort subite, dans son fauteuil, seul, après le déjeuner... votre effroi, lorsque, entrant dans sa chambre, vous le voyez immobile, affaissé, le cigare éteint aux doigts de sa main crispée, le *Figaro* déployé sur ses genoux, et tout le long de lui, un mince filet de sang, figé déjà, vous apprenant l'atroce vérité... puis la veillée du cadavre... puis, après l'église, la marche derrière le char qui l'emporte, longue, douloureuse de Fontenay au Père-Lachaise... Grand-père est mort, et dans mon esprit se pressent en foule les images du passé, de tout ce passé de gâteries, de douceurs, d'amour de sa part, d'admiration absolue de la mienne; il était si beau grand-père. Et ce sont les arbres de Noël aux gaies lumières, aux mille jouets, de la petite enfance... les longues promenades dans Paris... mes premiers pas d'homme faits avec lui au café, au restaurant, au théâtre... comme alors il se faisait petit, à ma taille, riant, causant, s'intéressant vraiment à tout mon petit moi. Mes sorties du dimanche à Stanislas, dans sa maison d'Auteuil, les bons petits dîners à nous quatre, lui, mes tantes et moi. Oh! ce dîner du dimanche, nous y pensions tous les deux durant la semaine, lui cherchant toujours ce qui pourrait me faire plaisir; moi, derrière les hautes murailles du collège, escomptant les joies prochaines et ressassant les joies passées. Puis je m'engage au 48e, et je ne le vois plus que de loin en loin; je pars pour l'Afrique... je viens en permission, je le vois encore. Je repars et c'est fini. Dans mon exil, je le savais là-bas, grand-père, et je croyais qu'il ne s'en irait jamais. C'était une partie de moi-même restée en France... ce n'était pour moi ni un homme, ni un parent, ni un ami : c'était grand-père. Aujourd'hui, il est parti. Je ne le verrai plus jamais... jamais... J'ai passé toute la journée seul, enfermé dans ma grotte, pleurant, me rappelant, pleurant encore, pensant, pleurant toujours.

Gafsa, le 28 octobre.

J'ai repris mes occupations, et pour ne plus penser, je me suis mis fiévreusement au travail.

Lui fini, je marche, je marche, afin qu'éreinté je puisse dormir. Fatiguons la bête, afin de tuer l'esprit.

Gafsa, le 31 octobre,

Hier, le général Philebert, est revenu prendre possession de son commandement. Toute la garnison était sous les armes. Les officiers montés, escortés par les chefs indigènes, par les cavaliers du Maghsen de Gafsa et par les hussards, ont été au-devant du général et lui ont fait un cortège d'empereur.

Le général est grand, gros, très monté en couleur; il porte l'uniforme avec le casque indien, la moustache grise, coupée en brosse, lui donne un air dur et brutal; il traîne un peu la jambe et ne restera pas longtemps parmi nous, dit-on; le nord de la Régence l'attire. Nous aussi, du reste, si nous pouvions...

Gafsa, le 25 novembre.

Je sors de l'hôpital où je suis entré le 2 pour angine diphtérique. Je n'ai pas voulu vous en rien dire, avant que, non seulement tout danger soit écarté ; mais encore que je sois sorti de l'hôpital. J'ai jugé à propos de vous éviter les angoisses de l'incertitude impuissante sur mon mal. Mais aujourd'hui que c'est fini, je puis tout dire.

J'ai été traité à l'annexe de l'hôpital, hors les murs, sous la tente des diphtériques, nous étions six. Sur les six, quatre sont morts après avoir subi la trachéotomie. J'ai été très bien soigné. En quatre jours, de grosse souffrance, par exemple, les fausses membranes ont cédé aux violentes instances de notre excellent docteur, le major Tournadre, jointes au perchlorure de fer et au nitrate d'argent. Le dernier point blanc a disparu hier, et j'ai quitté l'hôpital aujourd'hui avec une gorge récurée à fond.

Ces vingt jours de repos forcé m'ont fait le

plus grand bien. C'est toujours bon pour le moral de voir la mort de près. Et pour le corps, les soins dont j'ai été l'objet l'ont remis à neuf. J'ai donc plus que jamais, bon appétit, bon pied, bon œil.

Gafsa, le 28 novembre.

Ma compagnie vient d'être éprouvée dans la famille de ses sous-officiers. Moi, j'ai perdu grand-père. Mon adjudant a appris la mort de son père deux jours après, et hier, mon fourrier a reçu la nouvelle de la mort de sa mère.

Hasard, évidemment, mais hasard douloureux, qui a jeté un voile de crêpe sur notre gaieté. De plus, la classe 1877 est partie, me privant de mes quatre sergents, qui n'ont pas encore été remplacés. Nous vivons donc à nous trois, et, quand le courrier arrive, nous nous regardons en écrasant du doigt une larme qui coule devant nos lettres encadrées de noir.....

Gafsa, le 3 décembre.

Le froid est arrivé et la pluie avec lui. Jusqu'ici, ma grotte a résisté, et j'entends, bien abrité, les rafales passer en trombe au-dessus de ma tête. Pourvu que ça dure. Mes hommes sont entièrement pris par les constructions ; ils sont devenus maçons, charpentiers, couvreurs, jardiniers, et c'est à peine s'ils ont le temps d'astiquer leurs fusils. Le général fait tout entreprendre à la fois. On construit un cercle pour les officiers, une bibliothèque pour les sous-officiers, un hôpital nouveau, des postes, des baraques. On trace des routes, on défriche des landes, on défonce les terres qu'on transforme en jardins, on sème, on arrose, et on pousse le zèle jusqu'à faire mine de récolter des légumes. Je crains fort qu'avec un pareil système, nous ne soyons guère plus avancés dans six mois.

Ne vaudrait-il pas mieux commencer par les baraques; une fois les troupes à l'abri, on ferait le nouvel hôpital, ensuite viendraient le mess, la bibliothèque, les cercles et les routes bordées d'arbres... car tout cela, c'est le superflu.

Mais le général veut avoir tout fait lui-même, et, comme il n'aura pas le temps de tout finir, il veut tout commencer. Nous aurons alors la caserne Philebert, la bibliothèque Philebert, l'hôpital Philebert, etc., etc... comme nous avons le boulevard Philebert. Sur les premières pierres des futurs monuments, on a déjà gravé le nom du général et l'année 1882.

Gafsa, le 16 décembre.

Cette nuit, j'ai été réveillé brusquement par un roulement continu et clapotant. Inquiet, je me lève, j'ouvre ma porte... dans l'ouëd de pierre coulait un torrent d'eau. Vite, je prends mon lit sous un bras, ma comptabilité sous l'autre, jambes nues, je traverse le torrent. Mes sous-officiers m'ont offert un abri sous leur tente. Ce matin, au jour, nous nous sommes précipités pour voir nos trous. Hélas! l'ouëd a monté, et nos pauvres grottes sont inondées, l'eau a dû emporter tous nos bibelots de toilette et de table. Pauvres de nous! Seul, le lustre avec ses bougies, accroché au plafond de la salle à manger, reste sauf de l'inondation.

Sapristi! si j'avais fait la sourde oreille cette nuit, je serais frais.

J'ai fait construire une alcôve de briques sous ma grande tente, et j'y dormirai royalement. D'ailleurs, mon trou, si frais en été, devenait trop chaud par ce temps d'hiver, je suis tout content de retrouver la fraîche atmosphère de la tente.

Nous avons commencé nos tirs à la cible devant les cheiks des tribus du territoire de Gafsa. Ils ont ensuite offert au général une fantasia superbe, étourdissante, dont je suis encore tout ébloui. Le soleil avait daigné être de la fête.

La pluie fait pousser l'herbe, et la plaine de sable se tache par place, d'un vert tendre de pelouse anglaise.

Gabès, le 3 janvier 1883.

Oui, nous sommes à Gabès. Nous venons d'avaler, sans incident, les huit étapes qui nous séparent de Gafsa, et, après-demain, nous repartons. Nous voilà campés, sur les bords de la Méditerranée, dans le sable de la mer.

Gabès n'est ni une ville, ni un village. Ce n'est qu'une vaste plage. Le sable fait suite à l'eau et s'enfonce en golfe jusqu'au village arabe de Mendel, dont on aperçoit les cubes de pierre. Ce village a été le théâtre d'un beau fait d'armes des compagnies de débarquement de la marine dans les premiers mois de l'expédition. A côté une oasis. La mer, en se retirant petit à petit, a créé cette baie de sable. Sur les dunes, tout au bord de la mer, les baraques des zouaves et des mercantis forment un fort groupe de maisons de bois. Il n'y a pas de port. Les navires, même de faible tonnage, sont forcés de rester très loin en rade. Les débarquements se font par chalands à fonds plats et à dos d'hommes. Il n'y a pas d'eau potable à Gabès. On a débarqué la machine à distiller l'eau de mer, d'un navire de guerre, on l'a installée sous un hangar, et l'eau distillée est distribuée chaque jour. Le linge est lavé dans un ruisseau d'eau douce et saumâtre qui vient de l'oasis et coule à travers la plaine de sable. S'il n'y avait pas la mer, je préférerais Gafsa. Oh! la Mer, vieille et toujours fidèle amie, dont la grande voix, berceuse de nos rêves, parle sans cesse du Pays... la vague, déferlant sur le sable d'Afrique, ne vient-elle pas des côtes de France.

Nous nous sommes régalés ce matin d'une bouillabaisse authentique, faite par une Marseillaise, cantinière des zouaves. Nos estomacs lui en garderont reconnaissance.

Gafsa, le 15 janvier 1883.

Les journaux nous apportent la nouvelle de la mort de Gambetta; accident ou suicide, c'est une grosse perte pour la France républicaine.

Gambetta était une des réserves de l'avenir.

Je n'ai entrevu Gambetta qu'une seule fois; mais son visage m'est resté gravé dans l'esprit. C'était à Versailles, à la Chambre des députés, en 1879, le jour de son élection à la Présidence. très à l'aise dans le large fauteuil, un bras sur le dossier soutenant la tête puissante, très belle, grisonnante, l'autre bras appuyé sur le levier de la cloche présidentielle, il causait avec un secrétaire debout derrière lui. Ah! certes tout le monde ne saurait apprécier déjà à leur juste valeur tous les actes politiques de cet homme, parti des rangs les plus bas de la société, et parvenu d'un seul coup, aux plus hauts. Mais lorsque le temps aura mis sa patine sur cette grande figure, sur ses actes, sur ses paroles, justice lui sera rendue par tous.

En tous cas, il doit lui être beaucoup pardonné, car il a beaucoup aimé la France.

Nous, soldats, nous n'avons qu'à nous souvenir du dictateur de 70-71, qui a su, de son souffle enflammé, relever les courages abattus, faire sortir du sol épuisé de jeunes armées, qui, contre l'ennemi, ont lutté, souvent avec chance, toujours avec héroïsme, à qui nous devons, en somme, de pouvoir dire bien haut, comme François Ier, après Pavie : « Tout a été perdu, fors l'honneur. »

Le jour des obsèques de Gambetta aurait dû être un jour de deuil national, et je regrette qu'en souvenir de l'année terrible, le deuil de l'armée n'ait pas été décrété. Il eût été juste, en son honneur, de cravater de crêpe la poignée des épées et d'en voiler le drapeau.

Gafsa, le 6 mars.

Le 116e de ligne quitte Gafsa pour la France. J'avoue que j'envie mes camarades qui vont pouvoir travailler pour l'École, pour Saint-Maixent.

Le général Philebert s'en va aussi, je crois qu'il est mis en disponibilité sur sa demande. Il est remplacé par le général Hervé : un vrai africain, l'ancien colonel du 1er zouaves.

Disponibilité!! mot qui retentit en ce moment dans la France entière par suite de la politique appliquée à l'armée. Politique petite, mesquine, étroite, sectaire, que n'a pas voulu contresigner notre ministre, le général Billot. Son départ est une perte pour nous. La mise en disponibilité par retrait d'emploi des généraux d'Orléans, duc d'Aumale et duc de Nemours, du colonel de cavalerie d'Orléans, duc de Chartres, du capitaine d'artillerie d'Orléans, duc d'Alençon, est une diminution de force morale pour l'armée et pour la France. En quoi gênaient donc dans l'armée ces fils de Rois devenus serviteurs, et serviteurs désintéressés de notre Démocratie française. Quand donc en aurons-nous fini avec la politique d'estaminet de province où il est d'obligation de déjeuner d'un prêtre et de dîner d'un prince.

Pendant que les hommes politiques crient, s'insultent, pataugent dans les marais du Luxembourg et du Palais-Bourbon, nous, nous travaillons ferme et faisons de bonne besogne. Je plaisantais jadis le général Philebert d'avoir tout commencé. Il a bien fait, car sauf les baraques pour la troupe, il a tout fini, tout mené à bien.

Gafsa s'est transformé cet hiver. C'est maintenant une ville quasi-habitable, et il y a tout lieu d'espérer que, grâce aux travaux d'assainissement, la mortalité sera moindre cet été.

Nous sommes toujours sous la tente. Mais resterons-nous longtemps ici? Ce n'est pas probable. On parle de Sfax pour nous. Mais ce serait trop de chance, je n'ose y croire.

Gafsa, le 25 mars.

Le général Hervé a fait son entrée solennelle par une pluie battante. Toutes les troupes faisaient la haie, depuis les avant-postes jusqu'au palais du gouvernement. Il y avait là, recevant stoïquement des trombes d'eau : les bataillons d'infanterie des 46e, 48e, 66e, 115e. La batterie du 33e d'Artillerie. Les deux escadrons du 11e hussards. La compagnie du train. La section du génie. Tous les officiers sans troupe suivaient le général qui, sans s'inquiéter de l'eau ruisselant de toutes parts, a passé la revue au pas de son grand cheval noir, harnaché à l'arabe. Le général Hervé est un beau chef, jeune encore, à l'œil ferme, excellent cavalier, d'un abord très sympathique.

Cette pluie, arrivant inopinément, a plus fait pour la bonne renommée du général auprès des Arabes, qu'un brillant fait d'armes. En effet, les Arabes pleuraient après la pluie, à ce moment indispensable pour leurs récoltes. Le jour de l'entrée du général, elle tombe à flots, aussi disent-ils en leur sabir pittoresque : « Kebir Philebert, meskin, eau macach! — Kebir Hervé, bono, bono, besef de l'eau! » Nos paysans français leur ressemblent joliment à ces Arabes, et, pour beaucoup d'entre eux, le meilleur gouvernement n'est-il pas celui sous lequel le beurre se vend le plus cher?

Gafsa, le 1ᵉʳ avril.

C'est une plaisanterie... c'est un poisson d'avril... allons donc!... Non, c'est vrai, bien vrai, nous quittons Gafsa le 6, pour... Fériana, poste avancé sur la route de Tébessa. Trois compagnies y camperont, la quatrième compagnie du bataillon restera à Sidi-Aïch, puits, à deux étapes de Gafsa et à une de Fériana, pour la construction de la route de Bir-Mékidés à Sidi-Aïch. Cette compagnie sera relevée tous les deux mois. Pour commencer, c'est la mienne qui restera à Sidi-Aïch ; et, en avant la musique!... voilà le changement annoncé, et vous n'êtes pas encore contents, nous dit-on ; c'est que nous sommes difficiles !

Sfax ne sera jamais pour nous.

CHAPITRE VIII

SIDI-AÏCH

Camp de Sidi-Aïch, le 15 avril.

C'est fait, nous sommes à Sidi-Aïch cent hommes, sous les ordres de M. le lieutenant Tuot, seuls, au milieu du désert qui s'étend à perte de vue en un immense hémicycle. Le camp est adossé à la montagne même, gros bloc de rochers noirâtres. A deux cents mètres du camp, le puits. A côté du puits, une sorte de hangar qui sert d'abri aux caravanes, et que nous avons mission de transformer en bordj avec caravansérail et casernement pour la troupe. Nous avons de grandes tentes. Au milieu du camp, deux baraques de pierres sèches avec toits en boîtes de conserves déroulées et soudées. Une pour le logement de notre officier, l'autre pour les vivres : viandes, biscuits, pain conserves, légumes secs, vin, eau-de-vie. Je suis comptable de ces vivres qui me sont facturés par le magasin central de Gafsa. Je suis de plus vagmestre du camp, chargé de prendre et de remettre au cavalier arabe les sacs de dépêches ficelés et cachetés.

Nos hommes sont partagés en deux groupes de travailleurs. Tous les ouvriers du bâtiment, maçons, plombiers et charpentiers construisent le bordj. Les autres sont sur la route, à casser les pierres, à remblayer, à déblayer; les cuisiniers restent seuls au camp avec la garde de police. M. Tuot chasse et tue nombre de perdreaux, de lapins et de perdrix rouges, dont il fait largement profiter l'ordinaire et notre popote.

La nuit, nous sommes gardés par une chaîne de sentinelles doubles reliées au poste de police qui sert de grand'garde. Les seuls ennemis que nous ayons, du reste, à redouter sont les hyènes et chacals, qui hurlent autour du camp, et dont nous voyons, par les nuits très noires, briller les yeux de feu autour des feuillées, des trous à ordures et des cuisines.

Sidi-Aïch, le 29 avril.

M. Morati est revenu, me rapportant de votre part, le *Petit chose* et *Criquette*, que je vais lire, aux longues heures de loisir que me laisse maintenant l'administration de mon petit camp.

Aujourd'hui, dimanche, les hommes lavent leur linge, raccommodent leurs effets, escaladent les rochers de la montagne, ou chantent aux cuisines, accroupis autour de la marmite qui bout, répandant autour d'elle son bon parfum de soupe mêlé à l'âcre odeur du bois vert qui fume. M. Tuot est à la chasse. La nuit dernière, mon cuisinier a tué une hyène, à l'affût, d'un seul coup de fusil. La bête morte est suspendue en sa robe zébrée de jaune et de gris sale, à la porte du capitaine. Le pays est très giboyeux; je vous serais reconnaissant de m'envoyer mon fusil de chasse et, en compagnie de mes officiers nous ferons des hécatombes de perdreaux, de lièvres et de gazelles, à faire pâlir d'envie Florian Pharaon, le grand chasseur du *Figaro*.

Camp de Sidi-Aïch, le 3 mai.

En voilà des visites, et de la haute... C'est d'abord notre grand chef, le général Forgemol, son état-major et son escorte, qui ont campé une nuit au milieu de nous. Grand branle-bas, je vous le laisse à penser; on n'aurait pas trouvé un grain de poussière sous les tentes et le capitaine avait fait mettre *des bourgerons propres* aux cuisiniers... Puis des civils, des attachés à la Résidence de Tunis, on me cite des noms que j'écris à tout hasard, M. d'Estournelles, M. de Montebello et des amis.

Ils sont arrivés, encombrés de bagages de toutes sortes, de tentes superbes, de meubles compliqués à force d'être pratiques. Ces messieurs ont des costumes aussi perfectionnés que leurs bagages, vestons aux mille poches, culottes basanées de peau de couleur, grandes bottes jaunes avec éperons à la chevalière ; et par dessus ce noble appareil, un attirail de courroies jaunes, rouges, noires, soutenant des revolvers, des couteaux, des sacoches, des albums, des appareils photographiques, etc., etc., etc. Je vous fais grâce du contenu des caisses, des centaines de bibelots de table, de toilette, de pharmacie, que j'ai pu voir, ayant été chargé de l'installation du camp, des vivres de l'escorte et des menus détails de campement de ces nobles voyageurs.

Camp de Sidi-Aïch, le 15 mai.

Je suis nommé adjudant à la quatrième compagnie à Fériana.

Camp de Fériana, le 30 mai.

J'ai pris possession de mes nouvelles fonctions et ai reçu un charmant accueil de tous, officiers et camarades. Le camp de Fériana sent déjà l'installation qui doit durer. La troupe est encore sous la tente, mais des baraques de pierres vastes, bien aérées, très hautes de plafond, sont presque terminées; et tout autour du camp, les officiers et les sous-officiers ont fait construire de petites maisonnettes et y sont installés avec un confortable inconnu jusqu'à ce jour. Le commandant a même une vraie maison, avec salle à manger, chambre à coucher, chambre d'amis, salle des rapports. Enfin, dominant le camp, le télégraphe occupe une jolie maisonnette de briques et de bois. Nous sommes, par lui, reliés à Gafsa d'un côté, à la France de de l'autre.

Au camp, nous avons pris la vie de garnison. Exercice le matin et le soir, corvées de toutes sortes. Le tout coupé par la sieste, de la soupe du matin au réveil, qui sonne à trois heures de l'après-midi. Je suis chargé de l'instruction des élèves-caporaux qui, sous mes ordres forment une forte section. Quant à mes loisirs, je les emploie à revoir mon histoire, ma géographie et surtout ma géométrie... c'est qu'il n'y a pas à dire, dans un an, il faut que je sois à Saint-Maixent. A l'ouest du camp est le village arabe, bourg aux maisons de terre, basses et pleines d'enfants, où nous trouvons du lait d'ânesse et de chèvre, des dattes, des œufs et des volailles. Autour, une maigre oasis, et aussi loin que le ruisseau qui traverse le camp peut arroser la terre de ses eaux, des champs de maïs, de blé, d'orge, s'étendent très verts, donnant double récolte, sans travail apparent.

Camp de Fériana, le 14 juin.

Voilà le bataillon installé dans les baraques. Les hommes sont tout étonnés de la hauteur des toits; d'aucuns regrettent la tente où ils étaient plus libres. Les lits ont fait leur apparition. Ce sont quatre morceaux de sapin, avec un sac comme toile de fond, une paillasse d'alfa sert de sommier et de matelas, la toile de tente sert de drap — et les chambrées ont un air d'Europe avec leurs lits recouverts de la couverture brune, leurs planches à bagages, où le paquetage s'étage régulièrement, et les planches à pains aux piles de boules de son. Aux fenêtres, pour tamiser le grand jour, des stores en bois de palmier.....

Camp de Fériana, le 15 juillet.

Hier nous avons célébré le 14 juillet par des réjouissances toutes plus distinguées les unes que les autres...; après la revue passée sur l'emplacement de l'ancien camp, qui forme un beau terrain de manœuvres, courses à âne par les sous-officiers, costumés en jockeys... Des prix ont été offerts par les officiers. Courses en sac..., jeux du baquet, etc..., banquet fraternel et copieux..., représentation gratuite, sur le théâtre..., car nous avons un théâtre où tous les dimanches, les troupiers nous régalent de chœurs, de chansonnettes, de comédies de Labiche, ou d'adaptations de drames connus. Tout cela gentiment, à la bonne franquette et très drôle.

Après le théâtre, feu d'artifice... Vous voyez que rien n'y manque, et que bien des villes de province n'ont pas un tel programme.

L'affreux Cochery vient de supprimer la franchise postale pour le corps expéditionnaire de Tunisie. Ah! il se fait bénir celui-là! S'il croit que c'est avec de telles réformes qu'il équilibrera son budget... il se trompe. Le seul résultat de cette géniale économie, c'est que le pauvre petit pioupiou d'un sou n'enverra plus de ses nouvelles au pays, et que les parents, là-bas, en France, ne recevront plus de nouvelles de l'absent... Je m'en aperçois bien, maintenant que je suis vaguemestre général, et que toutes les lettres me passent par les mains. Depuis la suppression de la franchise, elles ont diminué des neuf dixièmes.

Camp de Fériana, le 7 septembre.

C'est de mon lit que je vous écris, et de mon lit où je suis cloué pour un bon mois. On vient de m'arracher l'ongle du gros orteil qui s'était incarné des deux côtés; l'opération, très délicate, a fort bien réussi, et j'en ai vivement remercié notre charmant major et le docteur de l'hôpital qui l'assistait. J'ai très peu souffert, grâce à l'anesthésie de la plaie par l'éther pulvérisé. Vous voyez comme nous sommes bien soignés; que cela rassure toutes les mères inquiètes. Chaque jour, je suis pansé à l'eau phéniquée, mais mon pied doit rester immobilisé. J'en profite pour piocher ferme Saint-Maixent.

Le comte de Chambord vient de mourir. J'ai lu avec intérêt les détails de sa mort et de ses obsèques, et je suis frappé du ton très digne de toute la presse à son égard. C'était un saint, mais en politique les saints ne servent qu'à faire des martyrs, comme Louis XVI, ou des inutiles, comme Henri V.

Camp de Fériana, le 17 novembre.

Je suis fait chevalier du Nicham Iftikar, par le bey de Tunis, sur proposition régulière et hiérarchique de tous mes chefs, depuis mon capitaine jusqu'au général de division commandant le corps d'occupation. Le capitaine de Jarnac, qui commande le camp, m'a félicité, très aimable : « C'est le commencement, » m'a-t-il dit — et m'a remis les brevets et ma croix, qui est très belle, en argent émaillé de vert.

Voici la traduction du brevet, au style solennel et ampoulé :

N° 1605.   LOUANGES A DIEU SEUL

L. S. — De la part du serviteur de Dieu glorifié, de celui qui met en Dieu, sa confiance, et lui laisse le soin de ses destinées, Ali, pacha, bey, possesseur du Royaume de Tunis, à M. Céalis (Édouard-Paul-Marie), adjudant au 48e d'infanterie. Sur la proposition de notre ministre des affaires étrangères qui nous a fait connaître vos nobles qualités, nous vous avons confié cette décoration; notre nom s'y trouve gravé et elle est de la quatrième classe de notre ordre du Nicham Iftikar (chevalier).

Portez-la avec joie et bonheur!

Écrit le 3 moharrem 1301 (3 novembre 1883).

Contresigné : Mohamed-el-Aziz-bou-Atour.

Pour traduction certifiée conforme,

Le 1er drogman de la Résidence,

Signature illisible.

Vu pour légalisation de la signature ci-contre de M. (illisible), 1er drogman de cette résidence.

Tunis, le 5 novembre 1883.

Le secrétaire général de la Résidence,

Signé : Jouglet.

Je suis guéri, et marche d'un pied léger, comme Achille ; je ne ferai pas la citation d'Homère, par crainte d'un barbarisme.

Camp de Fériana, le 15 décembre.

Je reviens de Gafsa, où les candidats à Saint-Maixent viennent de passer leur examen. Nous sommes, paraît-il, deux cents candidats pour la Tunisie, et comme nous avons un classement spécial, il n'y aura que trente sous-officiers reçus. Le sujet de la composition française était : « *La Bataille des Pyramides.* » Dans un mois, on saura les résultats au ministère; tâchez de les connaître, et dites-les moi vite en ce qui me concerne.

Je ne vais plus vivre dans l'impatiente incertitude où je suis de savoir si je vais rentrer en France par la porte de l'École.

Camp de Fériana, le 7 janvier 1884.

Hier, jour des Rois, j'ai dîné avec tous les officiers. C'est une tradition au régiment, pour les officiers, d'inviter leurs sous-officiers en ce jour de fête. Ils n'y ont pas manqué. Nous avons eu comme rôti le *méchoui*. Mouton cuit tout entier à la broche devant un grand feu de flammes claires. Le ventre du mouton vidé, puis recousu, est rempli de beurre, d'épices et d'aromates, qui se répandent dans les chairs durant la cuisson. Les fourchettes sont proscrites pour ce mets national arabe, et chaque convive arrache avec les mains les lambeaux de chair rissolée et très parfumée qu'il doit manger.

Camp de Fériana, le 20 janvier 1884.

Hip! hip! hip! Hurrah!!..... Vive la France et le 48e de l'arme! Je suis reçu à Saint-Maixent avec le n° 2 pour le corps expéditionnaire de Tunisie. Les cours s'ouvrant en avril, dans deux mois je serai en France.....

CHAPITRE IX

LE THÉATRE DE FÉRIANA

Camp de Fériana, le 3 mars.

Je vous ai souvent parlé du théâtre de Fériana ; et vous me demandez des détails. Je vous les donne bien volontiers, et cela me fera passer plus vite les heures, que je compte, avant mon départ tant attendu pour la France.

Nous étions alors, en 1883, campés à Sidi-

Aïch, et mai se traînait péniblement, faisant pressentir les lourdes chaleurs prochaines ; dans le camp, on pressait la construction du bordj, qui devait enfin donner à nos soldats un abri plus résistant que la tente de toile. Le capitaine craignait surtout l'ennui pour ses hommes. Il avait essayé un peu de tout pour les tenir en haleine, en dehors de l'exercice, des gardes, des corvées, du défrichement de la route et de la construction du bordj ; Il avait organisé de grandes chasses de jour, aux lièvres, aux perdrix, aux gazelles ; de nuit, aux chacals et aux hyènes. Puis, un troupier ayant reçu un violon de France, on avait dansé le soir, aux flambeaux de résine, sur l'esplanade en terre bien battue du front de bandière, entre les colonnes romaines qui forment au camp une porte triomphale. Enfin, une fois par semaine, la compagnie tout entière se réunissait en un banquet, dont le plat de résistance était le méchoui, bien doré à la flamme d'un grand brasier, dont les troupiers déchiraient, puis croquaient à belles dents, la chair rissolée et odorante, avec de gros rires et des plaisanteries sans fin, jusqu'à ce que le clairon de garde, sonnant l'extinction des feux, ramenât tout le monde sous les tentes.

Il fallait maintenant trouver autre chose pour empêcher que le spleen ne s'emparât de nos soldats, séparés de leurs camarades par des lieues de désert, et plus isolés que les marins embarqués, avec autour d'eux la plaine de sable à l'horizon immense. Mais quoi?

Un soir qu'il pleuvait, de cette pluie continue, monotone, qui semble ne devoir jamais cesser, et que les troupiers frileux se serraient sous les tentes, le capitaine et M. Tuot mangeaient tristement dans leur petite baraque de pierres sèches, écoutant la pluie qui tambourinait sur le toit de boîtes de conserves... les feux éteints par la pluie, on avait fait un repas froid... l'ennui planait sur le camp. Tout à coup, on entendit une voix chanter d'abord seule, puis accompagnée de plusieurs autres au refrain. Cela partait d'une tente voisine de la baraque des officiers ; « Ah! c'est Jumel, dit l'ordonnance en servant, en v'là un gars qui chante bien ». Le capitaine se frappa le front et regardant M. Tuot, lui dit : « J'ai trouvé ! » Du moment où le capitaine avait trouvé, c'est tout ce qu'il fallait au lieutenant, qui alluma sa pipe et se retira sous sa tente.

Le lendemain, M. Morati appelait le soldat Jumel, causait avec lui et, huit jours après, un dimanche, la compagnie, réunie près des colonnes romaines, écoutait, assise et bouche bée, Jumel et cinq de ses camarades, qui, à tour de rôle, leur chantèrent des chansonnettes, des romances, leur dirent des poésies et des monologues... tout ça encore bien hésitant, bien flou, très spécial comme littérature.

Mais, cette fois, le capitaine avait mis dans le mille... il ne fut plus question de chasses, de bals ou de banquets. La chose magique et consolatrice était trouvée : *le Théâtre*, rudimentaire encore, mais existant pour nous distraire tous.

Quelques jours après, j'étais nommé adjudant, et je quittai Sidi-Aïch. Puis la compagnie Morati fut relevée et rejoignit Fériana.

A peine installé, le capitaine voulut faire profiter toute la garnison de sa création de Sidi-Aïch. D'autant plus que les éléments ne manquaient pas et qu'on pouvait alors faire grand et bien. Le commandant Pédoya fut ravi de la proposition et, séance tenante, une grande baraque de pierre inoccupée fut affectée au théâtre. Le génie fournit les madriers qui servirent à élever la scène. L'Intendance prêta des toiles de tentes, et des bâches réformées pour permettre de décorer les madriers, de peindre les décors, de faire le rideau. On fit venir de Tébessa, par les goumiers de la poste, des lampes pour la rampe, les herses, le lustre.

Des bancs furent installés sur des piliers de briques et disposés en amphithéâtre, des cartouches entourés de branches de lauriers et de palmes, portant le nom des victoires inscrites au drapeau, Hohenlinden! Auerstædt! Isly!... et ceux des combats de Tunisie : Sousse, Kairouan, M'ssaken, Monastir, Kalaa, ornaient les murs, et, le 14 juillet 1883, la troupe donna en grand gala sa première représentation sur un vrai théâtre.

Voici le programme de cette inauguration, il est naïf, mais n'oubliez pas que nous sommes au fond de l'Afrique, à vingt jours de la mer.

REPRÉSENTATION GRATUITE

14 juillet 1883

FÊTE NATIONALE

PREMIÈRE PARTIE

L'instruction des peuples (chœur). — *Faudrait pas me la recommencer* (chansonnette). — *La correspondance* (chansonnette). — *Le Parrain d'une cloche* (monologue). — *Je suis heureux comme ça* (chansonnette). — *L'Auberge du Grand Vainqueur* (chansonnette). — *Triste aventure* (monologue). — *Avec les dames faut toujours être galant* (chansonnette). — *La Belle Hélène: Oui, c'est un rêve!* (duo).

DEUXIÈME PARTIE

Ohé, Sophie, tu perds ton chignon (chansonnette). — *Les trois Idoles* (romance). — *Le Clairon*, de Déroulède (poésie). — *La Fille d'auberge* (chansonnette). — *L'Enfant de Paris* (chansonnette). — *Les deux Frères d'armes* (duo).

TROISIÈME PARTIE

Une Cause célèbre (3ᵉ tableau).

Pour ne pas mettre l'uniformité banale des costumes militaires sur la scène, M. Morati avait fait confectionner, pour les artistes, un costume de cérémonie... bas, culottes courtes, habit à queue, cravate directoire, le tout en lustrine ou calicot, avec des parements, des cols et des boutons de couleur, d'un effet très divertissant. Les rôles de femmes dans les duos, pièces ou pantomimes, étaient tenus par de jeunes soldats, imberbes encore, habillés en femmes, et tout cela à la bonne franquette, très simplement, sans arrière-pensée malsaine, pour s'amuser et surtout pour amuser les autres.

Les autres, c'étaient d'abord les officiers, assis au premier rang, entourant le commandant Pédoya, puis les chefs arabes et les sous-officiers, enfin tous les troupiers du camp et les notables du village de Fériana qui se pressaient sur les gradins. A côté de la scène, un buffet pour les officiers. Au fond de la salle, une buvette pour les soldats, qui, aux entr'actes, ne désemplissait pas, vous vous en doutez. Et, dans tout ce bon public, quels rires! quelle joie!

Les frais de costumes, de couleurs, de décors, de nourriture supplémentaire aux artistes, étaient couverts par le prix des places et la location des buvettes aux mercantis.

Les places coûtaient : pour les officiers, 1 fr. 50 ; pour les adjudants, 0 fr. 50 ; pour les sous-officiers, 0 fr. 25 ; pour les soldats, 0 fr. 05.

Inutile d'ajouter que le théâtre était toujours bondé et que, seuls ne venaient pas : les consignés, la garde du camp et les malades.

Le théâtre était sous la surveillance et la responsabilité de M. Morati, qui veillait à tout et se chargeait de tout, avec un dévouement et une ardeur méritoires.

On marcha sous ce régime du 14 juillet au 7 octobre 1883, en donnant treize représentations dont voici, du reste, les programmes à titre documentaire :

22 juillet 1883.

PREMIÈRE PARTIE

(Ouverture) grand quadrille par toute la troupe. — *Charmant ruisseau* (chœur). — *Le second mouve-*

ment (chanson). — *Madeleine, mets ton bonnet* (chansonnette). — *La Femme, c'est utile* (monologue). — *Si j'étais roi* (air de Zéphoris). — *Le Grand ressort* (chansonnette). — *Le Baiser des adieux* (romance).

DEUXIÈME PARTIE

La Femme (monologue). — *L'Hippodrome* (chansonnette). — *Le Dindon* (chanson). — *Je me rapapillotte* (chansonnette). — *Les Cloches de Corneville* (air du marquis). — *Le Muletier de Tarragone* (romance). — *Valgamédio* (chœur).

TROISIÈME PARTIE

Pierrot nourrice, grande pantomime par toute la troupe.

29 juillet 1883.

PREMIÈRE PARTIE

La Brise amoureuse (chœur). — *L'Hiver des petits oiseaux* (romance). — *Le Postillon de Longjumeau* (les Pigeons). — *Deri-Dera* (chanson). — *Bois avec moi* (romance). — *Le Pochard* (monologue).

DEUXIÈME PARTIE

Gardez-vous de vieillir (romance). — *Je l'ai perdue* (chanson). — **On devrait supprimer ça** (chansonnette). — *L'heure du rendez-vous* (monologue). — *Je n'ai pas l'habitude de fumer* (chansonnette). — *Le Chemin des Baisers* (romance). — *Mon Printemps* (vieille chanson). — *Le Galant Postillon* (chansonnette). — *Ma Gondole à Venise* (chœur).

TROISIÈME PARTIE

Le Billet de mille francs (pantomime).

3 août 1883.

Devant l'Inspecteur général.

PREMIÈRE PARTIE

Sentinelles, prenez garde à vous (chœur). — *La dernière Bouteille* (chansonnette). — *L'Auberge du Grand Vainqueur* (chansonnette). — *Le Clairon* (poésie de Déroulède, avec jeu de clairon et pantomime). — *La Confession* (monologue). — *Marlborough s'en va-t-en guerre* (chanson).

DEUXIÈME PARTIE

La Tourelle du Château (duo). — *Les Rameaux*, de Faure. — *La Partie de Billard* (monologue). — *Oscar Pilon* (chanson). — *Les Godillots* (chansonnette). — *Le Biniou* (romance). — *La Brise amoureuse* (chœur).

TROISIÈME PARTIE

Les Farces de Pierrot (grande pantomime).

QUATRIÈME PARTIE

Les Loups de mer (chœur à grand spectacle, avec apothéose, en l'honneur des marins, feux de bengale, etc., musique militaire, salve d'artillerie.

Il y avait ce jour-là au camp un officier de vaisseau, visitant le sud-ouest de la Tunisie, et cette dernière partie était un à-propos en son honneur.

12 août 1883.

PREMIÈRE PARTIE

Les Montagnards sont là (chœur). — *La Branche d'aubépine* (chansonnette). — *Les Rubans de l'Alsace* (scène patriotique). — *Le Garçon d'honneur* (chansonnette). — *Je prends ma canne et mon parapluie* (chansonnette). — *Le Petit abbé* (monologue mêlé de chant). — *Coquelicots* (romance). — *J'aimerais mieux briser mon verre* (chanson).

DEUXIÈME PARTIE

Le Génie de la Bastille (chansonnette). — *Les Pifferari* (duo italien costumé). — *Ma Mie* (romance). — *Grégoire* (monologue). — *Les Dragons de Villars* (air de Rose Friquet). — *La petite Camille* (chansonnette). — *La Dame blanche* (ah! quel plaisir d'être soldat!) — *Les Cloches argentines* (chœur).

TROISIÈME PARTIE

La Fille du Meunier (pantomime).

19 août 1883.

PREMIÈRE PARTIE

L'Instruction des Peuples (chant). — *Sous mon parapluie* (chansonnette). — *Mignon* (Pour rendre à la fleur). — *Un Bandeau sur les yeux* (chanson). — *Morsbronn* (récit patriotique). — *Le Phylloxéra* (monologue). — *Travail et liberté* (chanson socialiste). — *Le Bois de Meudon* (chansonnette). — *Le Chien du Sergent* (récit).

DEUXIÈME PARTIE

La Femme à deux bosses (folie tintamarresque). — *Mignonne* (romance). — *Le Rémouleur* (monologue).

— *Marceau* (récit patriotique). — *Les Roses* (valse). — *J'en veux plus* (chansonnette). — *T'es pas des nôtres* (chansonnette). — *Le Gascon* (grande scène parlée).

TROISIÈME PARTIE

Les Malheurs du père Cassandre (pantomime).

26 août 1883.

PREMIÈRE PARTIE

Grand quadrille des femmes à barbes (par toute la troupe). — *Trop sensible* (chansonnette). — Refrain de chasse (imitation de cor de chasse). — *Jeanne m'a pris mon cœur* (chansonnette). — *Les trois Curés* (récit). — *Les deux Pochards* (duo bachique). — *Le Guignon des acteurs* (scène).

DEUXIÈME PARTIE

Le Temps des cerises (chansonnette). — *Le Caporal et sa Payse* (grande scène à quatre personnages). — *La Côte-d'Or* (chanson). — *Le Réveil* (imitation de cor de chasse). — *Le Tourtereau* (chansonnette). — *La Sentinelle* (chœur).

TROISIÈME PARTIE

Le Billet de mille francs (pantomime).

2 septembre 1883.

PREMIÈRE PARTIE

La Gondole (chœur). — *Il pleut des baisers* (chanson). — *Le Père Larillette* (récit). — *Marceau* (scène patriotique). — *Si j'étais fleur* (romance). — *L'Aveugle* (récit). — *La Mascotte* (air de Laurent XVII).

DEUXIÈME PARTIE

L'Aveu (romance). — *Le Temps perdu* (chansonnette). — *La Grève des Forgerons* (Coppée). — *Le petit Pied* (chansonnette). — *La Colombe du Proscrit* (romance). — *Le petit Chat* (chansonnette).

TROISIÈME PARTIE

Le Tonnelier (pantomime).

7 septembre 1883.

PREMIÈRE PARTIE

Les Bergers (chœur). — *Les Cocottes* (chansonnette). — *Le Baptême d'une Poupée* (récit chanté). — *La Veuve et le Revenant* (romance). — *La main de ma sœur dans la culotte d'un zouave* (fantaisie).

— *Le Siège de Paris* (récit). — *Le Roi Dagobert* (folie de Pierrot).

DEUXIÈME PARTIE

Visage rose (chœur). — *Les Gars de Falaise* (chansonnette). — *Ouvrez mes rideaux* (chansonnette). — *Le beau Pompier* (chansonnette). — *Depuis qu'y a des allumettes* (monologue). — *La Fricassée* (danse excentrique). — *Le Pré-aux-Clercs* (air de Mergy). — *Le Rossignol de la République* (romance). — *Barbe-Bleue* (pot pourri par l'orchestre).

TROISIÈME PARTIE

Les Brigands de la Calabre.

Comme vous le voyez, la composition du spectacle était sensiblement la même : deux parties de chansonnettes, de pièces détachées, de poésies, et enfin une troisième partie : pantomime du répertoire des cirques ou adaptation de scènes de drames connus — ou même, comme vous le verrez — de comédies. Je continue les programmes.

16 septembre 1883.

PREMIÈRE PARTIE

Les Bergerettes (chœur). — J'n'aime pas ces pla[i]santeries-là (chansonnette). — Le Drapeau no[ir] (chanson socialiste). — Le Muletier de Tarrago[ne] (romance). — La Foire de Saint-Romain (récit). [—] Autour du Mariage (saynète à deux personnage[s], par Gyp).

DEUXIÈME PARTIE

Les Enfants de Paris (chœur). — Je l'ai perdu[e] (chansonnette). — Les Plongeurs à cheval (folie [de] Pierrot). — Yvonne (romance). — Un Épisode (récit[). —] Les deux Orphelines (avant-dernier tableau, [le] duel de Jacques et de Pierre, par toute la troupe[,] M. Prétet dans la Frochard.

TROISIÈME PARTIE

La Flûte enchantée (pantomime).

23 septembre 1883.

PREMIÈRE PARTIE

O Neptune ! ô Neptune ! dieu des Eaux (chœur[).] — Ma première chanson (chansonnette). — Oh [!]

LE THÉATRE DE FÉRIANA

Vertu (saynète à deux personnages). — *Mansarde rose* (romance). — *Le Coin sans I* (folie). — *Le Tour du monde en 80 jours* (avant-dernier et dernier tableau : une chambre d'hôtel à Liverpool et le salon du Reform-Club à Londres, par toute la troupe).

DEUXIÈME PARTIE

Le Panthéon (chœur patriotique). — *La Légende du Pommier* (vieille chanson). — *Le Plaisir du fantassin* (à-propos). — *En-dessous* (chansonnette). — *Valgamédio* (chœur). — *Bredouille* (saynète à deux personnages).

TROISIÈME PARTIE

Les Aventures de sir John (pantomime).

30 septembre 1883.

PREMIÈRE PARTIE

Les Paysans (chœur). — *Le Coq-à-l'Ane* (chansonnette). — *Le Chef-d'œuvre de Dieu* (vieille chanson). — *Les Feuilles d'automne* (romance). — *Les Vendanges de la République* (chanson patriotique). — *Minette et Matou* (duo comique). — *La Dame de Monsoreau* (dernier tableau : la mort de Chicot).

DEUXIÈME PARTIE

Le Châlet (duo du duel). — *La Branche d'aubépine* (romance). — *Timoléon* (chansonnette). — *Pro-*

menade d'amour (romance). — *La Fille de Guingamp* (à-propos, le 48° étant en garnison, en France, à Guingamp).

LA CONSIGNE EST DE RONFLER
Vaudeville en 1 acte.

Landremol.	MM. Claude.
Tavernier	Hayer.
Irma.	Charpentier.
Charlotte	Thomas.

TROISIÈME PARTIE

L'Engagé par force (pantomime).

7 octobre 1883.

PREMIÈRE PARTIE

La Fête du village (chœur). — *Promenade d'amour* (roman). — *Les Vociférations d'un mari* (chansonnette). — *Les bons Vins de France* (vieille chanson). — *Le Drapeau de la Fraternité* (récit patriotique).

DEUXIÈME PARTIE

UN GARÇON DE CHEZ VÉRY
Comédie en 1 acte, de Labiche.

TROISIÈME PARTIE

Souviens-toi du voyageur (romance). — *Le Génie de la Bastille* (chansonnette). — *Les Deux Pâtres* (duo). — Tombola au bénéfice des artistes, 26 gros lots.

Ici s'arrête la première série des représentations du théâtre de Fériana.

En lisant tous ces programmes, vous avez dû vous apercevoir de l'intérêt croissant de chacun de ces spectacles, des tentatives faites par ces soldats-artistes pour corser les représentations; du travail réel et considérable fait par eux, pendant cette période de trois mois : je dis travail considérable, car les adaptations de pièces du répertoire de drames, les saynètes, les vaudevilles se jouaient fort consciencieusement avec les décors, les costumes, les accessoires, tous faits et reconstitués avec des riens, par eux-mêmes. Mais... mais... il était bien difficile de concilier l'art, et surtout ses suites, avec la discipline; aussi, autant tout se passait bien dans les premiers jours, autant cela était devenu intolérable à la longue. Des abus se produisirent, abus sur lesquels on commença par fermer les yeux. Il fallut pourtant les ouvrir à un moment donné, et la dissolution de la troupe s'imposa comme mesure de discipline indispensable.

En effet, les soldats acteurs, chanteurs, musiciens, décorateurs, machinistes, tailleurs, soupaient après chaque représentation. Aux débuts, le souper avait lieu silencieusement, après le départ des spectateurs, et chacun regagnait bientôt sa tente ou sa baraque... Mais, peu à peu, cette sagesse se relâcha ; énervés par les répétitions et les représentations, nos artistes s'oublièrent et se perdirent. Chaque soir de spectacle, c'étaient des cris, des chants, des disputes qui se terminaient invariablement par un sommeil de tous les convives, pêle-mêle, sous la table. Une nuit, notre adjudant de bataillon, agacé à juste titre, entra dans la salle des festins, voulut faire cesser le tapage et eut une conduite de Grenoble. Sage, il se retira, mais ce fut la fin. Le lendemain, au rapport, la fermeture du théâtre était annoncée par le commandant : les acteurs rentrèrent de suite dans leur compagnie. Ce pauvre théâtre semblait mort... Il devait pourtant ressusciter dès le dimanche suivant — grâce à nous, les sous-officiers. Jusque-là nous avions été simples spectateurs ; nous nous décidâmes, pour utiliser les efforts faits et le matériel existant, à faire nos preuves et à distraire à notre tour nos supérieurs, nos camarades et nos soldats, et ce, sans qu'il y ait à craindre, en raison de notre excellent esprit, le renouvellement des faits qui avaient causé la fermeture. Nous allâmes trouver le commandant Pédoya qui nous accorda, sans peine, la permission d'un essai.

Ce fut une révélation. D'un seul coup, le café-concert passait théâtre. Voici le programme de la représentation qui inaugura cette deuxième série :

14 octobre 1883.

PREMIÈRE PARTIE

Le Chalet (duo et chœur, adapté par M. Carrère, sergent du génie, par toute la troupe et l'orchestre). — *Le petit Duc* (*il était un petit bossu*). — *Le Pia-*

niste (monologue). — *La Promenade d'amour* (romance). — *Mme Fontaine et M. Robinet* (duo comique). — *Le Trouvère* (grand air et *Miserere*). — *Un Monsieur en habit noir* (monologue).

DEUXIÈME PARTIE

Le Baptême d'une Poupée (chansonnette). — *Les Cloches de Corneville* (entrée de Grenicheux). — *Les Deux Pâtres* (duo). — *Les Mélis-Mélos* (chansonnette).

TROISIÈME PARTIE

FATMA

Drame arabe et militaire, en 4 actes.

Le Grand-Prêtre.....	MM. Céalis, adjudant au 48ᵉ.
Roland, lieutenant...	Carrère, serg. du génie.
Tourlat, capitaine....	Mutel, serg.-maj. au 48ᵉ.
Deveine, id.	Jonquais, sergent au 48ᵉ.
Un caporal........	Bonidal, id.
Ali, eunuque......	Hurel, id.
Fatma...........	Hodicq, id.
Aiacha...........	Fleury, id.

Arabes, — soldats français, — tambours, — clairons. — Au 4ᵉ tableau, le rêve de Fatma. — Changement à vue représentant : La France conquérant la Tunisie. — Apothéose, — flammes de bengale, — musique militaire, — salves de mousqueterie.

Les interprètes de cette inoubliable soirée étaient tous adjudants, sergents-majors et sergents; bien unis par un esprit de camaraderie et de corps, que deux ans de campagne avaient solidifié, mus par un désir compréhensible et *hiérarchique* de surpasser nos prédécesseurs, nous fûmes acclamés par les officiers, les camarades, les soldats et les Arabes même, venus en grand nombre, attirés par la pièce arabe dont, comme vous vous en doutez, j'étais l'auteur.

Le succès fut tel, qu'il fallut donner des lendemains à cette soirée et qu'on venait exprès en permission de Gafsa, de Sidi-Aïch et de Tébessa, pour assister au Théâtre des sous-officiers de Fériana.

Voici les programmes des spectacles du 14 octobre au 4 novembre 1883 :

17 octobre 1883.

REPRÉSENTATION GRATUITE

PREMIÈRE PARTIE

Si j'étais Roi (air de Zéphoris). — *L'Ami Godinot* (chansonnette). — *La Camargo* (air de la Marmotte).

— *Le Temps des Violettes* (romance). — *Le Pompier* (scène comique). — *Mme Fontaine et M. Robinet* (duo comique). — *Ninon* (romance). — *Les Rameaux* (Faure, avec accompagnement de violon). — *L'Aveugle* (romance). — *Le Bois de Meudon* (chansonnette).

DEUXIÈME PARTIE

Deuxième représentation de *Fatma*.

24 octobre 1883.

En l'honneur de M. l'Intendant de la division d'occupation.

EMBRASSONS-NOUS FOLLEVILLE

Vaudeville en 1 acte, de Labiche.

Le marquis de Manicamp	MM. Céalis.
Le vicomte de Châtenay.	Jouqnais.
Chevalier de Folleville.	Hodicq.
Le chambellan	Jumel.
Un domestique.	Brand.
Julia.	Thomas.

Il avait fallu s'ingénier pour faire des costumes Louis XV. On y arriva avec des culottes de toile et des tuniques d'officiers agrémentées de lustrine de couleur; les épées des médecins et des officiers d'administration achevaient de donner un air fort régence aux costumes. L'exactitude avait été poussée jusqu'à faire rougir les talons!!!

Si on avait écouté l'enthousiasme des spectateurs, M. l'intendant en tête, il aurait fallu bisser la pièce. — Au cours de cette représentation, il m'était arrivé un petit accident qui avait mis en joie tout notre public. — Je jouais *Manicamp;* mon costume se composait d'une culotte de piqué blanc, très ajustée; d'un gilet Louis XV que j'avais fait venir de Paris, et de la tunique de mon capitaine, à laquelle on avait mis des parements jaunes... A la scène X, au moment où Manicamp, furieux contre Châtenay et Berthe, brise le vase de Sèvres qui est sur une console, j'entendis un immense éclat de rire dans la salle, éclat de rire qui continua jusqu'à ma sortie de scène. — Je me disais, à part moi : « Faut-il que je sois drôle! » A peine dans la coulisse, devant une glace, je compris le rire intempestif. Dans mon mouvement de colère, ma culotte, trop ajustée, avait craquée et s'était fendue de l'aine au genou. Je n'eus que le temps de me faire mettre deux épingles par mon ordonnance, qui me sert d'habilleur, pour ne pas manquer mon entrée et cependant cesser d'être shocking.

4 novembre 1883.

LES DEUX AVEUGLES (Offenbach)

Giraffier	MM. Céalis.
Patachon.	Thomas.

LES MARQUISES DE LA FOURCHETTE

Comédie en 1 acte, de Labiche.

Saturnin.	MM. Céalis.
Paul	Jouquais.
Joseph.	Mutrel.
Un jeune homme.	Jumel.
Un garçon.	Brand.
Une dame blonde.	Hurel.
Une dame brune	Thomas.

Le 5 novembre, la classe partait pour la France, afin d'être renvoyée dans ses foyers. La troupe fut démembrée. C'en était fait de ce pauvre théâtre, pour la seconde fois; mais il était dit que l'institution du capitaine Morati triompherait de cette dernière épreuve.

Au régiment, une classe part, une autre arrive. Un clou chasse l'autre. Or, il advient que les hommes envoyés par la portion centrale de Guingamp, au bataillon de campagne, avaient été triés sur le volet. Tous, ou presque tous Parisiens, mauvais soldats de garnison, troupiers merveilleux en campagne, d'une endurance extraordinaire, chantant toujours, gais toujours, artistes tous, comme enfants de Paris. Deux mois après l'arrivée des renforts, il fut facile de rouvrir le théâtre. Et cette fois, le capitaine-directeur s'arrêta à un système mixte qui eût pu être dangereux en France, au point de vue de la discipline, mais qui, en Afrique, au contraire, ne présentait que des avantages. La troupe fut composée partie de soldats, partie de sous-officiers.

L'administration du théâtre et la direction de la scène me fut confiée, et je n'ai eu qu'à me louer de tout mon petit personnel. L'après-midi travaillaient les peintres décorateurs, les machinistes, les tailleurs — tous les soirs on répétait de sept heures à dix heures, et tous les dimanches ou jours de fêtes il y avait représentation.

Voici les programmes de cette période, la plus brillante, de notre cher théâtre de Fériana.

11 janvier 1884.

PREMIÈRE PARTIE

Ouverture (violon et flûte). — *Gifflez-moi* ça (chansonnette). — *La Lettre de mon voisin* (chansonnette). — *Je me rapapillotte* (chansonnette). — *Songe rose* (romance). — *Si j'étais fleur* (romance). — Intermède de gymnastique (la double barre fixe), par M. Boob.

UNE CHAMBRE A DEUX LITS
Vaudeville en 1 acte.

DEUXIÈME PARTIE

Le Rendez-vous de chasse (duo). — *Maître Blaguefort* (grande scène comique). — *Signal d'orage* (romance). — *En-dessous* (chansonnette). — *La Marseillaise* (poésie de Déroulède). — *Histoire d'une puce* (chansonnette). — *Mon Garçon et ma Demoiselle d'honneur* (duo).

14 janvier 1884.

Représentation en l'honneur du passage
du 20ᵉ de ligne.

PREMIÈRE PARTIE

Ouverture (violon, clairon, tambour et flûte). — *Histoire d'une puce* (chansonnette). — *Le Billet doux de mon voisin* (chansonnette). — *Le Boléro* (romance). — *Mes Godillots* (chansonnette). — *M'ame Trumeau* (grande scène comique). — *Pour un baiser* (romance). — *La dernière Cartouche* (chansonnette). — *La Marseillaise* (poésie de Déroulède (redemandée). — Intermède de gymnastique (trapèze aérien et bambou japonais).

DEUXIÈME PARTIE

Ouverture (marches du 20ᵉ et du 48ᵉ de ligne). — *Songe rose* (romance). — *Ohé Sophie!* (chansonnette). — *Ah! Monsieur* (chansonnette). — *Si j'étais fleur* (folie).

TROISIÈME PARTIE

UN DUEL SANS TÉMOINS

Pochade en 1 acte, de M. Jouhaud.

Drolard	MM. Céalis.
Piston.	Mallaivre.

20 janvier 1884.

PREMIÈRE PARTIE

Ouverture (violon). — *Ma Chambrette de garçon* (chansonnette). — *Ça m'est égal* (monologue). — *Silvio Pellico* (récit). — *Le Bois de Meudon* (chansonnette). — *N' faut pas tant se presser* (chansonnette). — *L'Auberge du grand Vainqueur* (chansonnette). — Intermèdes de gymnastique : la toupie vertigineuse et travail aérien.

DEUXIÈME PARTIE

Ouverture (violon). — *Le Bravo* (romance). — *Gifflez-moi ça* (chansonnette). — *Les deux Sœurs jumelles* (chanson). — *Fricotin, garçon d'honneur* (chansonnette). — *Méchant et Méchante* (chanson). — *Les locutions vicieuses* (récit).

TROISIÈME PARTIE

ADÉLAIDE ET VERMOUTH

Idylle militaire en 1 acte.

Adélaïde. . . . . MM. Favre Gros.
Vermouth . . . .   Mallaïvre.

27 janvier 1884.

PREMIÈRE PARTIE

Ouverture (violon). — *Moëllons* (récit). — *Les deux Sœurs jumelles* (chanson). — *Cascarinette* (chansonnette).

Deuxième représentation de : *Adélaïde et Vermouth*, idylle militaire en 1 acte.

DEUXIÈME PARTIE

Le p'tit vin de Bordeaux (chansonnette). — *Par devant et par derrière* (chansonnette). — Intermède de gymnastique.

TROISIÈME PARTIE

Deuxième représentation de : *Un duel sans témoins*.

2 février 1884.

REPRÉSENTATION DE GALA

UN PROCÈS EN SÉPARATION
Opérette en 1 acte.

M° Templebar............	MM. Mallaivre.
M° Chicaneau...........	Thomas.

Intermède : Travail aérien par William Boob.

LA GIFFLE
Comédie en 1 acte, d'A. Dreyfus.

Blanc Misseron...........	MM. Céalis.
Jules Chamberlot	Mallaivre.
Un huissier.............	Thomas.

AU CLAIR DE LA LUNE
Fantaisie carnavalesque en 1 acte, de M. A. Chaine.

Arlequin...............	MM. Céalis.
Pierrot	Mallaivre.
Cassandre.............	Thomas.
José	Barbé.
Un notaire	Mathieu.
Colombine	Favre Gros.
Marietta.............	Masson.

Gentilshommes, pompiers, masques, domestiques.

Grande apothéose : le Mariage d'Arlequin, changement à vue, flammes de bengale, musique nouvelle.

Cette représentation fut donnée en l'honneur de la rentrée au bataillon du commandant Pédoya, revenant de permission. Elle marque l'apogée du théâtre de Fériana, et il est facile de se rendre compte de son importance, d'autant plus que décors, costumes sont exacts et, bien entendu, différents pour chaque pièce. *Au clair de la Lune* est tout simplement l'adaptation en comédie mêlée de chants, de la jolie pantomime que M. Chaîne avait faite pour nous et que nous avions joué à Fontenay, en une nuit folle de mardi-gras, dans les jolis décors de Morlon... Comme c'est déjà loin, tout ça. — Le succès fut immense, et il y en eut pour tout le monde, aussi bien pour l'auteur et pour les acteurs que pour le costumier et le décorateur, dont on admira fort les jolis costumes de la tradition italienne (Pierrots, Colombine, Arlequins, Cassandres, etc...), et le beau décor, et le mot beau n'est pas relatif, d'un carrefour à Naples, la nuit.

9 février 1884.

PREMIÈRE PARTIE

Le galant Postillon (chansonnette). — Vas-y Léon (chanson). — Le petit Abbé (romance). — Les trois Couleurs (chanson patriotique). — Le p'tit vin de Bordeaux (chansonnette). — Il fait soleil (romance). — Intermède de gymnastique.

Troisième représentation de : Un duel sans témoins, pochade en 1 acte de Jouhaud.

DEUXIÈME PARTIE

Les Droits de la Femme (scène comique).— Sacré-Dié! (chansonnette). — Les Conseils de Nez-Doré (chansonnette).

L'HEURE DE LA LIBERTÉ

Comédie en 1 acte (du Théâtre de Campagne).

Agénor	MM. Céalis.
Victorine	Favre Gros.
Une bonne	Thomas.

16 février 1884.

LES DEUX SOURDS
Comédie en 1 acte.

Damoiseau	MM. Mallaivre.
Placide	Céalis.
Boniface	Thomas.
Églantine	Favre Gros.

Intermède par William Boob : le fil aérien.

LE SERGENT

Poème de Paul Déroulède, dit par M. E. Céalis.

UN TIGRE DU BENGALE
Comédie en 1 acte.

Pont-aux-Choux	MM. Mallaivre.
Cerfeuil	Céalis.
Aurélie	Favre Gros.
Clapotte	Masson.

Ce nom de Williams Boob, le gymnaste qui occupait les entr'actes par ses numéros de force et d'adresse, cachait tout simplement un nommé Mathieu, infirmier à l'ambulance de

Fériana et ancien acrobate. A la réouverture du théâtre, il était venu s'offrir au capitaine Morati et fut accepté. Il fit venir de France ses maillots et ses costumes et reprenait, une fois par semaine, ses exercices d'autrefois.

23 février 1884.

PREMIÈRE PARTIE

Mimi-Soleil (chansonnette). — *Maître Blaguefort* (grande scène comique). — *Mansarde rose* (romance). — *La Marseillaise* (poésie de Déroulède).

A L'ESSAI

Comédie en 1 acte.

François	MM. Mallaivre.
Rosita-Carmen	Favre Gros.
Louisette	Masson.

DEUXIÈME PARTIE

C'est lui-même qui me l'a dit (chansonnette). — *Le Chemin des Baisers* (romance). — *Sacré-Dié!* (chansonnette). — *Il pleut des baisers* (chansonnette).

UN BAIN DE VAPEUR

Comédie en 1 acte.

Jouvinard. . . . . MM. Céalis.
Cyprien. . . . .   Mallaivre.

Cette dernière pièce est une pochade folle, dans laquelle un domestique, renvoyé, et ayant pris du service dans un établissement de bains, se venge de son ancien maître, qui est venu prendre un bain de vapeur, en lui faisant subir mille supplices dans sa boîte, et sous huit aspects différents, jusqu'à ce que la malheureuse victime, affolée, par un effort prodigieux, arrive à se relever et à fuir toute nue de sa boîte à bains... Si je m'appuie un peu plus longtemps sur cette pochade, c'est pour montrer à quel point la mise en scène était soignée. Le décor représentait une salle de bains de vapeur avec tous les accessoires, même de la vraie vapeur qui s'échappait en fusant lorsqu'on tournait un robinet.

M. Mallaivre jouait un rôle à tiroirs, changeant huit fois de costume en un espace de temps très court, et apparaissant tantôt en femme décolletée, tantôt en dragon moustachu. Et tout cela sans un accroc. Il est vrai que nous répétions beaucoup et sérieusement.

Mardi-gras 1884.

MATINÉE GRATUITE

PREMIÈRE PARTIE

Joconde (air). — *Cascarinette* (chansonnette). — *La Dernière Bouteille* (chansonnette). — *Les locutions vicieuses* (scène).

Deuxième représentation de : *Les Deux Aveugles* (Offenbach).

DEUXIÈME PARTIE

Les Enfants de Paris (chansonnette). — *Le p'tit Cousin de ma Femme* (chansonnette). — *Le Pays rêvé* (romance). — *Ohé! Sophie* (chansonnette). — *Le Toast à la Patrie* (romance patriotique).

Deuxième représentation de : *L'Heure de la Liberté*, comédie en 1 acte.

2 mars 1884.

PREMIÈRE PARTIE

Ça m'est parfaitement égal (chansonnette).—*M'ame*

Trumeau (grande scène comique). — *Éléonore est pompette* (chansonnette). — *La Brise amoureuse* (romance).

Troisième représentation de : *Les Deux Aveugles* (Offenbach).

DEUXIÈME PARTIE

L'Histoire d'une Pucé (récit). — *Les deux Pâtres* (duo). — *Heureusement pour moi* (chansonnette). — *Les Blés d'or* (chanson).

Troisième représentation de : *Adélaïde et Vermouth*, comédie en 1 acte.

La lecture de cette lettre aura peut-être été un peu aride, mais je trouve que la meilleure façon de parler d'un théâtre, c'est de montrer le programme de ses spectacles. Cela vaut mieux que tout ce qu'on peut en dire ou en écrire. Notre théâtre de Fériana prouve une fois de plus l'intrépide gaîté, l'esprit de ressource et le sens artistique inné de nos chers soldats de France.

Il ne faut pas oublier, en effet, le cadre de guerre qui entoure ce croquis de théâtre.

Les soldats couchant depuis des mois sur une poignée d'alfa, les fièvres sévissant sur tous, l'isolement absolu dans le désert, la chaleur accablante et constante avec les arbres maigres d'une petite oasis pour tout abri. Puis, enfin, les alarmes, les battues dans la plaine à la poursuite de djiggs de dissidents, les conduites de convois et tout le long chapelet des corvées imposées aux troupes d'Afrique.

Eh bien! planant au-dessus de tout, notre rire, notre cher et vaillant rire français éclate, clair, sain, réconfortant, et c'est par lui que, sauvés ici, nous nous sauverons partout et toujours.

CHAPITRE X

EN PARTANCE

Fériana, le 4 mars.

En voilà une nouvelle, il est écrit que je resterai à mon cher 48ᵉ durant toute la campagne, mon sort est lié au sien... ne vous effrayez pas de ce préambule... je rentre toujours en France, mais... en compagnie de mon bataillon. L'ordre est arrivé de faire ses paquets, et de rentrer tout de suite à Guingamp. La joie est indescriptible;

on chante, on danse, on s'embrasse, c'est du délire, et, par une pensée délicate du général en chef, nous devons revenir par où nous sommes arrivés.

Sousse, le 20 mars 1884.

Nous y voilà enfin à la porte de France. Le paquebot la *Ville de Rome*, qui va nous rapatrier, se balance en rade sur une mer très houleuse, dont les vagues, courtes et serrées, s'écrètent d'écume blanche. Pour la dernière fois, nous avons traversé les champs d'Ouëd-Gilma, de Kairouan, de Sidi-el Hani, d'Ouëd-Laya, de Kalaa, du Sahel et de Sousse; pour la dernière fois nous avons vu ces postes, ces camps, ces villes où nous sommes entrés les premiers, voilà bientôt trois ans, où nous avons peiné, travaillé, combattu, souffert; et nous les avons revus, tranformés, récoltant déjà ce que nous avons semé, en marche vers le Progrès, par l'assainissement, par la culture, par la construction, par le labeur continuel de tous, soldats et colons....

. . . .

Mais ce que le Progrès gagne, la Poésie le perd, et nous partons à temps pour ne pas gâter en nos âmes l'exquise vision par nous entrevue de cette terre jadis romaine ; hier encore vierge de tout contact moderne, mollement couchée aux bords de la mer bleue, en la robe de pierres de ses blanches cités, parée de l'émeraude de ses oasis que le désert sertit de son sable d'or, endormie du doux et immuable sommeil d'Orient ; sommeil dont nous l'avons réveillée à grand bruit d'armes et de tambours pour en faire une française, c'est vrai, mais en lui ravissant ce qu'elle ne saurait, hélas ! retrouver :

Le charme, dans l'immobilité et le silence.

FIN

TABLE DES CHAPITRES

	Pages.
I. — Sousse	1
II. — Kairouan	45
III. — En Colonne	89
IV. — Sidi-el-Hani	111
V. — En route	137
VI. — Gafsa	153
VII. — El-Lala	165
VIII. — Sidi-Aïch	223
IX. — Le Théâtre de Fériana	237
X. — En partance	277

PARIS. — IMP. E. FLAMMARION, RUE RACINE, 26.

Dernières Publications à 3 fr. 50 le volume.

AICARD (JEAN). — Jésus. Poème	1 vol.
— Notre-Dame-d'Amour. Roman	1 vol.
— Diamant noir. Roman	1 vol.
— Don Juan ou la Comédie du siècle	1 vol.
— L'Été à l'Ombre	1 vol.
ANTONIN BOSSU. — Lois et Fonctions de reproduction	1 vol.
ARÈNE (PAUL). — Domnine. Roman	1 vol.
— Le Midi Bouge	1 vol.
BERTIN (G.). — Madame de Lamballe	1 vol.
BONVALOT (GABRIEL). — L'Asie inconnue. Portrait et carte	1 vol.
BOUKAY (MAURICE). — Nouvelles Chansons. Illust. et Musique	1 vol.
CAHU (TH.). — La Ronde des Amours	1 vol.
CATERS (L. DE). — Passionnette. Roman	1 vol.
COURTELINE (GEORGES). — Les Hannetons. Roman	1 vol.
DAUDET (ALPHONSE). — Rose et Ninette. Mœurs du jour	1 vol.
DANRIT (CAPITAINE). — La Guerre de demain. Ill. de P. de Sémant.	6 vol.
(Guerre de Forteresse, 2 vol.; En Rase Campagne, 2 vol.; En Ballon, 2 vol.)	
DEMESSE (HENRI). — Petite Fifi	1 vol.
DOCQUOIS (GEORGES). — Bêtes et Gens de Lettres	1 vol.
DRUMONT (ÉDOUARD). — Mon Vieux Paris. Illustr. de G. Coindre	1 vol.
— De l'Or, de la Boue, du Sang. Illustr. de G. Coindre	1 vol.
DUBOIS (FÉLIX). — Le Péril Anarchiste. 70 illustrations	1 vol.
DUVAL (GEORGES). — Napoléon Ier	1 vol.
— Napoléon III. Enfance. Jeunesse	1 vol.
FLAMMARION (CAMILLE). — La Fin du Monde. Illustré	1 vol.
— Uranie. Illustré	1 vol.
FLERS (R. DE). — Vers l'Orient. Illustr.	1 vol.
GÉRARD (Dr). — Le Médecin de Madame. Roman professionnel	1 vol.
GINA SAXEBEY. — Autour d'une dot. Roman	1 vol.
HOUSSAYE (ARSÈNE). — Mlle de La Vallière et Mme de Montespan	1 vol.
HUCHER (FRÉDÉRICK). — Chérubin	1 vol.
JANNINE. — Confidences de Femmes	1 vol.
JUNG (EUGÈNE). — Mademoiselle Moustique. Mœurs tonkinoises. Illustré	1 vol.
KIST. (HENRY). — Par les Femmes. Roman parisien	1 vol.
— L'Amour a nu	1 vol.
— Chères Pécheresses	1 vol.
LAMBERT (ALBERT). — Sur les Planches. Études de mise en scène	1 vol.
LAURENT (Dr). — Sensations d'Orient. Le Caire. La Judée. La Syrie	1 vol.
MAËL (PIERRE). Amour d'Orient	1 vol.
MAYGRIER (RAYMOND). — Le Dernier Bohème. Roman	1 vol.
MALOT (HECTOR). — Amours de Jeunes	1 vol.
— Amours de Vieux	1 vol.
— (Mme). La Beauté. Roman	1 vol.
MARTINEAU (A.). — Madagascar	1 vol.
PRADEL (GEORGES). — Mauvaise Étoile. Roman	1 vol.
RENARD (JULES). — Poil de Carotte	1 vol.
RICHE (DANIEL). — Les Ressources secrètes	1 vol.
SALES (PIERRE). — Le Haut du Pavé. Roman	1 vol.
— Les Madeleines. Roman	1 vol.
— Miracle d'Amour	1 vol.
— Le Petit Charbonnier	1 vol.
VIERGE (PIERRE). Ame chimérique	1 vol.
XANROF. — Lettres ouvertes	1 vol.
— Chansons ironiques. Illustrations de Balluriau	1 vol.
YANN NIBOR. — Nos Matelots. Préface de J. Claretie. Nombreuses illustrations	1 vol.
— Chansons et Récits de Mer. Ouvrage couronné par l'Académie française. Ill.	1 vol.

www.ingramcontent.com/pod-product-compliance
Lightning Source LLC
Chambersburg PA
CBHW071416150426
43191CB00008B/938